中国高等教育学会劳动教育专业委员会
中国劳动关系学院劳动教育研究院 ｜ 智库成果

中国劳动教育发展报告
（2022）

ANNUAL REPORT ON THE DEVELOPMENT OF CHINA'S LABOR EDUCATION (2022)

名誉主编／刘向兵　李　珂

主　编／曲　霞　党　印

社会科学文献出版社
SOCIAL SCIENCES ACADEMIC PRESS (CHINA)

曲 霞

中国劳动关系学院劳动教育学院（劳动教育研究院）副院长、副研究员。主持国家哲学社会科学基金项目、北京市本科教学改革创新项目、中国博士后科学基金面上项目等相关课题10项，作为核心成员深度参与了教育部《大中小学劳动教育指导纲要（试行）》等文件研制工作，在《中国高教研究》《中国高等教育》《教育学报》等核心期刊发表论文30余篇。

党 印

中国劳动关系学院劳动教育学院（劳动教育研究院）副院长、副教授，在《中国高教研究》《中国高等教育》《经济研究》等刊物发表100余篇学术论文和评论文章，在《经济学家茶座》《教育家茶座》发表20余篇散文随笔。主持国家社科基金课题、北京市教委课题和教育部产学合作育人课题各1项，独著1部学术著作，合著2部学术著作，主编《职业与劳动——大学生劳动教育十讲》《新时代劳动教育100问》等劳动教育教材和普及读物。

目 录

前 言 …………………………………………………………… 1

1 顶层设计：劳动教育政策推进更为有力 ………………………… 1
   1.1 国家层面的劳动教育相关法律法规建设 …………………… 1
   1.2 省市层面的劳动教育政策体系完善 ………………………… 3
   1.3 劳动教育政策推进的特色举措 ……………………………… 9
   1.4 总结与评析 …………………………………………………… 15

2 学术研究：劳动教育理论研究全面拓展 ……………………… 17
   2.1 研究热度持续升温 …………………………………………… 17
   2.2 劳动教育的基础理论研究 …………………………………… 21
   2.3 劳动教育的历史研究 ………………………………………… 38
   2.4 劳动教育的国际比较研究 …………………………………… 45
   2.5 劳动教育课程与实施体系研究 ……………………………… 48
   2.6 劳动教育考核评价体系研究 ………………………………… 55
   2.7 劳动教育资源保障体系建设 ………………………………… 62
   2.8 总结与反思 …………………………………………………… 64

3 研讨交流：劳动教育工作会议推进有力 ………………………… 66
3.1 2021年度劳动教育工作会议概况 …………………………… 66
3.2 各级政府部门主办的会议情况 ……………………………… 67
3.3 非政府机构主办的会议情况 ………………………………… 73
3.4 总结与评析 …………………………………………………… 78

4 实施推进（1）：高校劳动教育方案百花齐放 ………………… 81
4.1 高等院校劳动教育实施方案总体分析 ……………………… 81
4.2 高等院校劳动教育实施体系分析 …………………………… 85
4.3 高等院校劳动教育评价与保障体系 ………………………… 100
4.4 高等院校劳动教育特色实践 ………………………………… 104
4.5 总结与评析 …………………………………………………… 107

5 实施推进（2）：中小学劳动课程建设在探索中前进 ………… 110
5.1 调查方法与样本描述 ………………………………………… 111
5.2 劳动教育课程体系现状的调查分析 ………………………… 113
5.3 中小学劳动教育课程体系建构的若干思考 ………………… 119

6 教材建设：劳动教育教材编写热潮不减 ……………………… 126
6.1 教材编写概况 ………………………………………………… 126
6.2 高校劳动教育教材特点分析 ………………………………… 133
6.3 职业院校劳动教育教材特点分析 …………………………… 135
6.4 中小学劳动教育教材特点分析 ……………………………… 138
6.5 总结与评析 …………………………………………………… 142

7 资源保障：劳动教育基地建设蓬勃发展 …… 144
7.1 劳动教育实践基地和研学旅行基地发展情况 …… 144
7.2 劳动教育实践基地的功能与实践内容 …… 150
7.3 各省（区、市）劳动教育示范基地建设 …… 152
7.4 劳动教育实践基地建设标准概览与分析 …… 158
7.5 总结与评析 …… 164

8 发展展望：多措并举推动劳动教育走深走实 …… 167
8.1 构建大中小学贯通的劳动教育实施体系 …… 167
8.2 着力加强劳动教育师资队伍培养 …… 169
8.3 大力提升劳动教育学术研究水平 …… 170
8.4 进一步规范劳动教育实践基地建设管理 …… 172
8.5 切实完善家校社协同育人机制 …… 173

附录 义务教育劳动课程标准（2022年版） …… 176

后 记 …… 233

前 言

2021年是中国共产党成立100周年，也是"十四五"开局之年，对劳动教育来说则是夯土培基、落地生根的关键一年。自2020年中共中央、国务院发布《关于全面加强新时代大中小学劳动教育的意见》完成了劳动教育的顶层设计，教育部印发《大中小学劳动教育指导纲要（试行）》进行了劳动教育的系统部署以后，劳动教育被正式写入新修订的《中华人民共和国教育法》，纳入《中华人民共和国家庭教育促进法》，成为《中国儿童发展纲要（2021~2030年）》的重要内容和新一轮本科教育教学审核评估的重要指标，截至2022年2月，已有31个省级行政区域（含新疆生产建设兵团）出台劳动教育的相关文件。可以说，2021年是劳动教育政策体系更加健全的一年，教育系统内外相互配合，各级政府和教育行政部门共同努力，依法推动劳动教育走深走实。

政策已出，重在执行。《中国劳动教育发展报告（2022）》聚焦2021年劳动教育学术研究、工作研讨、实施推进、教材建设和资源保障等劳动教育政策落实落地的关键问题，进行了全面梳理、系统分析。2021年，劳动教育的基础理论研究更加深入，涌现出了关于劳动教育思想研究、原理研究、育人价值探析以及数字时代的劳动教育走向等多方面优秀研究成果，为科学推进劳动教育实践奠定了很好的理论基础；工作研讨的关注点正在从劳动教育"是什么""为什么要开展劳动教育",向劳动教育要"做什么""怎么做好劳动教育"转变,反映出劳动教育从理论研讨转向实践推进的快速迈进步伐;高校劳动教育呈现出多元化探索、多类型推进的基本态势,中小学劳动教育在课程体系建设和基地资源建设上取得明显进展;劳动教育教材建设整体布局有序,学段学科全面覆盖,理论内涵充分阐释,学习要求循序渐进,在教育引导学生不断增进对马克思主义劳动观以及中国特色劳动教育的政治认同、思想认同、理论认同、情感认同的同时,也增强了学生做人的志气、骨气、底气,根植爱祖国、爱劳动、爱社会主义的深厚情感;各种定位不同、功能多样的新的劳动教育实践基地大量涌现,并呈现出在各省区市基地建设标准指导与统一遴选下规范化建设的发展态势。总之,2021年我国劳动教育政策体系更加健全,各方协同推进劳动教育的力度进一步加大,劳动教育的理论研究更加深入,劳动教育的开展形式更加多元,劳动教育的资源保障更为有力,但也存在一系列短板亟待补齐,包括大中小学衔接贯通、一体化推进劳动教育的体系尚未建立,专兼结合的劳动教育师资队伍建设乏力,中国特色劳动教育模式的理论研究薄弱、实践探索不足,劳动教育基地建设规范不一等。

《中国劳动教育发展报告》是中国劳动关系学院劳动教育学院的重点学科建设项目,每年连续编写,因此,各年度的报告、数据均可用于连续观察、研究、比较,以判断中国劳动教育的总体发展趋势。希望本报告能为各地教育行政部门的政策决策提供完整丰富的劳动教育改革发展图景,为各级各类校长、教师把握劳动教育改革主题和发展方向提供参考,还可为各类研究者全面了解我国劳动教育的生动实践提供宝贵的参考资料。

由于水平和资料有限,本报告在组织编写过程中难免会有诸多缺憾和不足,恳请广大同人、读者给予批评指正,以便我们在今后的研究中加以总结和改进,进一步做好《中国劳动教育发展报告》的编写工作。

1 顶层设计：劳动教育政策推进更为有力

1.1 国家层面的劳动教育相关法律法规建设

2021年，在中共中央、国务院《关于全面加强新时代大中小学劳动教育的意见》和教育部《大中小学劳动教育指导纲要（试行）》的指导下，教育系统内外相互配合，各级政府和教育行政部门共同努力，依法推动劳动教育走向纵深，新时代劳动教育的政策体系更加健全，大中小学劳动教育目标内容体系、组织实施体系和支持保障体系不断完善，社会各界对劳动教育的重视程度也在不断提高，凸显了劳动教育之于国之大计、党之大计的重要地位，也充分体现出劳动教育事关治国理政、事关富国强民、事关立德树人的重大意义。

国家层面，劳动教育被纳入法律体系。2021年4月29日，第十三届全国人民代表大会常务委员会第二十八次会议通过《关于修改〈中华人民共和国教育法〉的决定》，自2021年4月30日起施行。这是从1995年3月18日第八届全国人民代表大会第三次会议通过至今，《中华人民共和国教育法》经过的第三次修订。本次修订，将2015年版第五条"教育必须为社会主义现代化建设服务、为人民服务，必须与生产劳动和社会实践相结合，培养德、智、体、美等方面全面发展的社会主义建设者和接班人"，改为"教育必须为社会主义现代化建设服务、为人民服务，必须与生产劳动和社会实践相结合，培养德智体美劳全面发展的社会主义建设者和接班人"。此次修订从法律层面将劳动教育明确纳入了国家教育方针，加强新时代劳动教育进入了法治时代，劳动教育的实施自此具有了法律保障，这必将有力推动新时代劳动教育的持续发展、高位发展。

为发扬中华民族重视家庭教育的优良传统，引导全社会注重家庭、家教和家风，培养德智体美劳全面发展的社会主义建设者和接班人，我国于2021年10月23日颁布了《中华人民共和国家庭教育促进法》。其中，第十六条第六款明确指出，"帮助未成年人树立正确的劳动观念，参加力所能及的劳动，提高生活自理能力和独立生活能力，养成吃苦耐劳的优秀品格和热爱劳动的良好习惯"是家庭所应承担的责任，这为推动家庭劳动教育的大力开展提供了法律遵循。

除在法律层面对加强劳动教育作出规定之外，我国在制定与教育相关的政策文件时也注意将劳动教育纳入其中。为促进儿童健康成长，为国家可持续发展提供宝贵资源和不竭动力，2021年9月27日，国务院印发了《中国儿童发展纲要（2021~2030年）》（以下简称《纲要》），为儿童生存、发展、受保护和参与权利的实现提供了重要保障。在基本原则方面，《纲要》指出，要"促进儿童在德智体美劳各方面全面发展"。在儿童与教育方面，《纲要》围绕劳动教育做出了一系列规定：第一，"坚持社会主义办学方向，健全立德树人落实机制，实施素质教育，完善德智体美劳全面培养的教育体系"；第二，"加强劳动教育，引导学生树立正确的劳动观，形成良好劳动习惯，培养勤俭、奋斗、创新、奉献的劳动精神"；第三，"加强理想教育、道德教育、法治教育、劳动教育，养成良好道德品质、法治意识和行为习惯，形成积极健康的人格和良好心理品质"；第四，"统筹社会教育各类场地、设施和队伍等资源，丰富校外教育内容和形式，鼓励儿童积极参与科技、文化、体育、艺术、劳动等实践活动，参与日常生活劳动、生产劳动和服务性劳动，帮助学生深入了解国情、社情、民情"；第五，"教育引导儿童增强家庭和社会责任意识，鼓励儿童自主选择、自我管理、自我服务，参与力所能及的家务劳动，培养劳动习惯，提高劳动技能"。这些规定充分体现了加强劳动教育对于促进儿童健康成长、促进人的全面发展，乃至提高中华民族整体素质所具有的重要现实意义。

1.2 省市层面的劳动教育政策体系完善

自2021年1月至2022年2月底，全国更多地区为落实加强新时代劳动教育的要求，积极出台劳动教育相关文件，这些文件主要包括实施意见类、实施方案类和具体措施类，各地纷纷结合自身特色，对劳动教育是什么、教什么、怎么教等问题予以明确，围绕劳动教育推出一系列重要举措，要求各部门加强统筹协调，抓好支撑保障，重点解决场所、师资、经费、安全等问题，省市层面的劳动教育政策体系更加完善（见表1-1、表1-2、表1-3）。

表1-1 2021年1月1日至2022年2月28日部分省（自治区、直辖市）和新疆生产建设兵团劳动教育文件发布情况

序号	发文单位	文件名称	发文时间
1	中共天津市委办公厅、天津市人民政府办公厅	《关于全面加强新时代大中小学劳动教育的若干措施》	2021年1月
2	中共贵州省委办公厅、贵州省人民政府办公厅	《关于全面加强新时代大中小学劳动教育的实施方案》	2021年1月

续表

序号	发文单位	文件名称	发文时间
3	中共重庆市委、重庆市人民政府	《关于加强新时代大中小学劳动教育的若干措施》	2021年2月
4	中共江苏省委、江苏省人民政府	《关于全面加强新时代大中小学劳动教育的实施意见》	2021年2月
5	北京市教育委员会	《北京市关于全面加强新时代大中小学劳动教育的实施意见》	2021年2月
6	宁夏回族自治区党委、自治区人民政府	《关于全面加强新时代大中小学劳动教育的实施意见》	2021年2月
7	中共青海省委、青海省人民政府	《贯彻落实〈关于全面加强新时代大中小学劳动教育的意见〉的若干措施》	2021年2月
8	中共陕西省委、陕西省人民政府	《关于全面加强新时代大中小学劳动教育的若干措施》	2021年2月
9	新疆维吾尔自治区党委、自治区人民政府	《自治区关于全面加强新时代大中小学劳动教育的实施意见》	2021年3月
10	四川省教育厅等10部门	《全面加强新时代大中小学劳动教育实施方案》	2021年3月
11	中共辽宁省委办公厅、辽宁省人民政府办公厅	《辽宁省全面加强新时代大中小学劳动教育若干措施》	2021年4月
12	中共新疆生产建设兵团委员会、新疆生产建设兵团	《兵团关于全面加强新时代大中小学劳动教育的实施意见》	2021年4月
13	中共海南省委、海南省人民政府	《关于全面加强新时代大中小学劳动教育的实施意见》	2021年4月
14	中共江西省委教育工委、江西省教育厅	《江西省推进新时代大中小幼劳动教育一体化实施方案》	2021年5月
15	中共黑龙江省委、黑龙江省人民政府	《关于全面加强新时代大中小学劳动教育的实施意见》	2021年6月

1 顶层设计：劳动教育政策推进更为有力

续表

序号	发文单位	文件名称	发文时间
16	中共甘肃省委、甘肃省人民政府	《关于全面加强新时代大中小学劳动教育的若干措施》	2021年上半年
17	西藏自治区人民政府办公厅	《关于全面加强新时代大中小学劳动教育的实施意见》	2021年8月
18	中共浙江省委、浙江省人民政府	《关于全面加强新时代大中小学劳动教育的实施意见》	2021年9月
19	中共湖南省委、湖南省人民政府	《关于全面加强新时代大中小学劳动教育的实施意见》	2021年10月
20	中共河南省委、河南省人民政府	《关于全面加强新时代大中小学劳动教育的实施意见》	2021年10月
21	中共山西省委、山西省人民政府	《山西省关于全面加强新时代大中小学劳动教育的若干措施》	2021年12月
22	山东省人民政府办公厅	《全面加强新时代大中小学劳动教育重点任务及分工方案》	2021年12月
23	内蒙古自治区党委、自治区人民政府	《关于全面加强和改进新时代学校劳动教育及体育、美育工作的若干措施》	2021年12月
24	中共福建省委教育工作领导小组	《关于全面加强新时代大中小学劳动教育的实施方案》	2022年1月

表1-2　2021年1月1日至2022年2月28日部分省（直辖市）劳动教育细则方案发布情况

序号	发文单位	文件名称	发文时间
1	陕西省教育厅	《陕西省大中小学劳动教育实践基地建设指导意见》	2021年6月
2	天津市教育委员会	《关于推进天津市中小学校劳动教育的方案》	2021年11月

续表

序号	发文单位	文件名称	发文时间
3	中共上海市教育卫生工作委员会、上海市教育委员会	《上海市学校劳动教育"十四五"规划》	2021年12月
4	北京市教育委员会、北京市人民政府教育督导室	《北京市普通中小学校劳动教育督导评估方案（试行）》	2021年12月
5	安徽省教育厅	《安徽省普通本科高等学校劳动教育实施细则（试行）》	2022年1月
6	浙江省教育厅	《浙江省大中小学劳动教育实施指南》《浙江省中小学劳动教育行动方案》《浙江省职业院校劳动教育行动方案》《浙江省普通本科高校劳动教育行动方案》	2022年1月

表1-3　2021年1月1日至2022年2月28日部分地区劳动教育文件发布情况

序号	发文单位	文件名称	发文时间
1	潜江市人民政府办公室	《潜江市人民政府关于全面加强新时代大中小学劳动教育的实施意见》	2021年2月
2	辛集市教育局	《关于全面加强新时代中小学劳动教育的指导意见》	2021年3月
3	镇江市教育局	《全面加强新时代普通中小学劳动教育实施方案（试行）的通知》	2021年3月
4	芜湖市人民政府	《关于加强新时代中小学劳动教育的实施意见（征求意见稿）》	2021年3月

续表

序号	发文单位	文件名称	发文时间
5	广州市教育局	《关于加强中小学（幼儿园）劳动教育的指导意见（2021年修订）》	2021年3月
		《广州市中小学劳动教育指导纲要（2021年修订）》	
		《广州市推进大中小学新时代劳动教育三年行动方案（2021~2023年）》	
6	呼和浩特市教育局	《呼和浩特市教育局全面落实自治区教育厅"七个一"工作的实施方案》	2021年3月
7	赤峰市教育局	《关于落实学校体育、美育和劳动教育"七个一"的实施意见》	2021年4月
8	中共晋中市委、晋中市人民政府	《关于全面加强新时代大中小学劳动教育的实施方案》	2021年4月
9	珠海市教育局	《珠海市教育局关于开展我市中小学生劳动教育清单制定的指导意见》	2021年4月
10	济宁市教育局	《济宁市全面加强新时代中小学劳动教育实施方案》	2021年5月
11	包头市教育局	《包头市关于进一步加强中小幼劳动教育的实施方案》	2021年5月
12	烟台市教育局	《烟台市教育局关于加强新时代中小学劳动教育的意见》	2021年5月
	烟台市教育局办公室	《关于建立中小学生劳动教育清单制度的意见》	2021年5月
	烟台市教育科学研究院	《烟台市新时代中小学劳动教育五年发展规划》	2021年12月

续表

序号	发文单位	文件名称	发文时间
13	临沂市教育局	《全面加强新时代普通中小学劳动教育的指导意见（试行）》	2021年5月
		《临沂市中小学生劳动教育实施三年规划》	
14	东莞市教育局	《东莞市推进中小学劳动教育行动计划（2021~2025）》	2021年6月
15	中共北京市大兴区委宣传部等7部门	《大兴区全面加强新时代中小学劳动教育的指导意见》	2021年7月
16	南昌市教育局	《南昌市加强新时代中小学劳动教育实施方案》	2021年8月
17	盘锦市兴隆台区人民政府	《兴隆台区全面加强新时代中小学劳动教育实施方案》	2021年8月
18	大兴安岭地区行署教育局	《大兴安岭地区关于全面加强新时代大中小学劳动教育的实施方案》	2021年8月
19	乐山市教育局	《全面加强中小学劳动教育的若干措施》	2021年8月
20	新余市人民政府办公室	《新余市加强新时代中小学劳动教育一体化实施方案》	2021年8月
21	宜昌市人民政府	《全面加强新时代大中小学劳动教育若干措施》	2021年8月
22	大连市教育局	《全面加强新时代中小学劳动教育实施方案》	2021年8月
23	成都市教育局等10部门	《关于全面加强新时代大中小学劳动教育的若干措施》	2021年9月
	成都市教育局	《关于印发成都市大中小学劳动教育项目清单（试行）的通知》	2021年12月

续表

序号	发文单位	文件名称	发文时间
24	威海市教育局	《威海市全面加强新时代中小学劳动教育实施方案》	2021年9月
25	十堰市教育局	《关于进一步加强中小学（幼儿园）劳动教育的通知》	2021年11月
26	张掖市教育局	《关于全面加强新时代大中小学劳动教育的具体措施》	2021年11月
27	佛山市人民政府办公室	《佛山市人民政府办公室关于全面加强新时代大中小学劳动教育的实施意见》	2021年12月
28	宿迁市教育局	《关于进一步加强中小学劳动教育的实施意见》	2021年12月
29	哈尔滨市人民政府	《哈尔滨市全面加强新时代大中小学劳动教育实施方案》	2021年12月
30	合肥市人民政府	《合肥市全面加强新时代学校劳动教育的实施方案》	2022年1月
31	深圳市教育局	《关于进一步加强大中小学劳动教育的实施意见》	2022年1月
32	温州市教育局	《温州市中小学劳动教育行动方案》	2022年2月
33	达州市教育局等十部门	《全面加强新时代大中小学劳动教育实施方案》	2022年2月

1.3 劳动教育政策推进的特色举措

各地都能够对标中央文件制定地方劳动教育政策文件，严格按照中共中央、国务院《关于全面加强新时代大中小学劳动教育的意见》

和教育部《大中小学劳动教育指导纲要（试行）》中的要求进行劳动教育顶层设计，部分地区还出台了更为细化的劳动教育实施细则或指南，为加强新时代劳动教育提供了具有鲜明特色和可操作性的地方方案，也推动了我国省市一级劳动教育政策体系的不断完善，具体表现在以下几个方面。

1.3.1 各方协同推进劳动教育力度加大

首先是强调各政府部门之间协同。如四川省教育厅联合四川省发展和改革委员会、四川省经济和信息化厅、四川省民政厅等10个部门共同出台了《全面加强新时代大中小学劳动教育实施方案》。中共北京市大兴区委宣传部联合大兴区教育委员会、大兴区文化和旅游局等7个部门共同出台了《大兴区全面加强新时代中小学劳动教育的指导意见》。四川省成都市教育局联合成都市发展和改革委员会、成都市经济和信息化局、成都市民政局等10个部门共同出台了《关于全面加强新时代大中小学劳动教育的若干措施》。四川省达州市教育局也联合10个部门印发了《全面加强新时代大中小学劳动教育实施方案》，对全市大中小学加强劳动教育提出了明确的工作要求。各部门的工作职责更加明确，从单兵作战到协同推进，形成了全社会重视劳动教育、推动劳动教育的强大合力。

其次是强调家校社三方协同。劳动教育的深入开展，需要得到家长和社会的支持，需要家校社协同，共同营造良好的氛围。内蒙古自治区《关于全面加强和改进新时代学校劳动教育及体育、美育工作的若干措施》中明确规定，"建立家校社融合的劳动教育协同机制。构建以学校为主体、家庭为基础、社会全方位支持的'劳动+'协同育人机制"。《关于推进天津市中小学校劳动教育的方案》中，将"实施家校社'同心育人'工程"作为推进天津市中小学劳动教育的重点措施之一，强化家庭劳动教育落实，指导家长将劳动教育融入家庭日常，同时多渠道发挥社会支持作用，树立"开门办劳动教育"理念，深入挖掘地方资源，持续共建共享市、区、校、班四级劳动教育实践载体和平台。珠海市在开展全市中小学生劳动教育清单制定的过程中，注重营造良好的协同共育氛围，加大宣传力度，通过各种渠道向家长宣传学校制定劳动教育清单的初衷，以获得家长的理解和广泛支持。

1.3.2 劳动教育开展形式更加多元

各地区在制定劳动教育政策文件时，能够注重根据地区和学校实际，结合当地在自然、经济、文化等方面的具体条件，充分挖掘行业企业、职业院校等可利用的资源，宜工则工、宜农则农，采取多种方式开展劳动教育。《温州市中小学劳动教育行动方案》中规定，"各学校可利用地方资源，结合温州特色，开发开设瓯绣、瓯菜烹饪、家政、园艺、瓯越非物质文化遗产等校本劳动教育课程"。广州市在《关于加强中小学（幼儿园）劳动教育的指导意见（2021年修订）》中，根据当地实际，提出了具有广州特色的校园小农田、城市小菜园劳动实践活动。安徽省为丰富课外校外劳动实践，在《安徽省普通本科高等学校劳动教育实施细则（试行）》中规定实施"三起来一出去"教育教学改革，将劳动教育与学生的个人生活、校园生活和社会生活有机结合起来，丰富劳动体验，提高劳动能力，深化对劳动价值的理解。天津市在《关于推进天津市中小学校劳动教育的方案》中规定，通过实施劳动教育"夯基垒台""中流砥柱""春风化雨""扎根落地""同心育人"五大工程，到2022年使全市实现学生自主负责校园环境卫生常态化，同时，组织评选"劳动能手""劳动优秀教师""劳动先进班集体""劳动明星家庭"等活动，分批启动百名劳模、能工巧匠等进校园活动，组织学生走上"工作岗位"，走进身边劳动者的工作和生活。

1.3.3 对劳动教育师资队伍建设更加重视

在劳动教育师资队伍建设方面，各地重视程度不断提高，均提出把劳动教育纳入教师培训内容，开展全员培训，并对承担劳动教育课程的教师进行专项培训，以提高劳动教育师资队伍的专业化水平。在校外劳动教育师资队伍建设方面，部分地区积极聘请劳动模范、大国工匠等担任劳动教育兼职教师。河南省《关于全面加强新时代大中小学劳动教育的实施意见》中规定，"聘请大国工匠、劳动模范、技术能手或当地非物质文化遗产传承人等在学校设立劳动教育工作室"。新疆生产建设兵团实施"送课上门"，鼓励科研院所、高新技术企业选派专家、劳模、工匠、大师等参与大中小学劳动教育。四川省《全面加强新时代大中小学劳动教育实施方案》规定，"建立劳动课教师特聘制度，学校可聘请具有实践经验的社会专业技术人员、劳动模范等担任兼职劳动教育课教师"。

在校内劳动教育师资队伍建设方面，一方面，部分地区倡导学校之间建立师资共享交流机制。如陕西省、新疆维吾尔自治区、四川省、海南省、浙江省等地积极推动中小学、职业院校与普通高等学校建立师资交流共享机制，内蒙古自治区鼓励小规模学校通过"一师多校"走教等模式开展劳动教育。另一方面，大部分地区都强调加强校内专兼职教师队伍建设。如青海省提出中小学劳动教育课程教学任务原则上由综合实践课专任教师或其他教师担任，职业院校劳动教育由实习实训课程专任教师和其他教师共同完成，高等学校劳动教育由依托课程的专任教师实施。福建省提出要构建专业化劳动教育师资队伍体系，加强劳动教育师资力量配备，建立专兼职结合、相对稳定的劳动教育师资队伍，统筹学校综合实践和劳动教育等师资配备，原则上每所中小学至少配备1名专任教师，并逐步增大专职人员配比。上海市提出"兼容聚力"劳动教育师资队伍提升行动计划，加强中小学劳动教育和各区劳技教育中心专任教师配备，建强劳动教育教研员队伍建设；推动高校配备一定数量的复合型、实践型劳动教育教师；发挥普通高校、职业院校教师的专业优势，指导和参与中小学劳动教育。

此外，各地进一步完善劳动教育教师的考核激励机制。四川省将劳动教育课教师纳入教师职称评审范围，在省级教学成果奖励中，将劳动教育成果纳入评奖范围，对优秀成果予以奖励。山东省支持符合条件的劳动教育课教师申报齐鲁名师，参加山东省优秀教师等评选，把开展和参与劳动教育的情况纳入教师工作评价。浙江省提出将劳动教育纳入青年教师和班主任基本功大赛内容，支持高等学校设立劳动教育研究机构。河南省成立劳动教育专家指导委员会，在大中小学教师专业技术职务评审系列中设立劳动教育学科，建立符合劳动教育师资特点的评价考核和职称评定体系。四川省、新疆生产建设兵团、海南省、黑龙江省、浙江省、湖南省、河南省、内蒙古自治区均在文件中作出相应规定，保障劳动教育专任教师在绩效考核、职称评聘、评先评优、专业发展等方面与其他专任教师享受同等待遇。

1.3.4 支撑保障体系更加有力

在拓展实践场所方面，各地均重视劳动教育实践基地建设，提出要丰富劳动实践场所，建设综合性劳动实践基地，并充分利用现有实践场所和劳动基地建立开放共享机制。青海省提出要统筹全省各类社会优质资源，探索建立"农业+""工业+""服务业+"等各行业劳动实践教育基地，着力打造"宜农则农、宜牧则牧、宜林则林、宜工则工"的具有青海特色的大中小学劳动教育品牌。湖南省提出要拓展劳动实践场所，农村地区可安排相应的土地、山林、草场等作为学农实践基地，城镇地区可确认一批企事业单位和社会机构，作为学生参加生产劳动、服务性劳动的实践场所。此外，高校还应探索建设智慧型和创造性劳动实践基地。内蒙古自治区提出各级政府要统筹制定拓展劳动教育实践场所行动计划，对闲置校舍、校园或现有中小学综合实践基地、青少年校外实践教育活动场所进行改造升级，依托符合条件的工业、农牧业、服务业、科研院所或职业学校建立相对稳定的劳动教育实践基地。浙江省提出要编制省普通中小学劳动实践教室装备指导意见，重点研究制定劳动综合实践、家政等通用性劳动实践教室及木工、金工、电子电工、建筑模型、传统工艺等主题劳动实践教室的装备指导意见，并鼓励建设流动的劳动实践教室，因地制宜利用校内及学校周边场所建设开放式的劳动实践教室。辽宁省在推动符合条件的工业、农业、服务业企业以及科研院所和事业单位开展劳动教育的同时，还鼓励特殊教育学校建设适合残疾学生特点和特殊教育规律的劳动教育实践基地。

在健全经费投入机制方面，各地均要求各级党委政府要加大对劳动教育经费的统筹安排，按照中央文件精神统筹中央补助资金和自有财力，通过多种形式、多种渠道筹措资金，有条件的地区鼓励采取政府购买服务方式，吸引社会力量提供劳动教育服务。青海省、四川省、陕西省等地均提出要探索建立政府、学校、社会共同承担的多元化经费筹措机制，可采取政府购买服务的方式，吸引社会力量提供教育服务。河南省在鼓励社会力量参与劳动教育活动方面，规定对符合有关税收法律、法规规定向学校开展劳动实践教育进行捐赠或提供场所的企事业单位、个体工商户和农业合作社等，可依法依规享受相应的税收优惠政策。上海市将劳动教育工作经费纳入财政预算，保障劳动教育课程改革、教学实施、场所建设、教师培训等劳动教育工作需要，加强学校劳动教育设施标准化建设，建立学校劳动教育器材、耗材补充机制，同时多渠道筹措经费，鼓励社会资源共同支持推动劳动教育。

在强化安全保障机制方面，各地均能够按照中央文件要求，在劳动教育相关政策文件中作出明确规定，积极建立政府负责、社会协同、有关部门共同参与的大中小学劳动安全管控机制，以及政府、学校、家庭、社会共同参与的劳动教育风险分散机制。海南省提出要制定劳动教育安全管理办法，探索建立政府负责、社会协同、有关部门共同参与的安全管控机制，坚持常规检查与专项检查相结合，对劳动教育实践活动中的安全隐患及时进行排查化解，学校要加强对师生的劳动安全教育，制定劳动实践活动风险防控预案，组织劳动实践活动要科学评估安全风险，认真排查安全隐患，防患于未然。为学生购买保险成为完善劳动教育安全保障机制的重要措施之一，部分地区积极推出并完善劳动安全相关保险，鼓励学校为学生购买劳动教育保险，保障学生在劳动教育中的人身安全。如湖南省提出，银保监部门要丰富和完善学生劳动安全相关保险产品，鼓励购买劳动教育相关保险。浙江省提出统一为中小学校购买校方责任险，鼓励购买劳动教育相关保险。山东省提出，支持保险机构探索设立商业性学校劳动教育安全险，引导家长为学生购买人身保险，引导利用社会捐赠资金等设置劳动教育安全风险基金，健全救助机制。

1.4 总结与评析

2021年是劳动教育政策体系更加健全、更加完善的一年。从国家层面看，随着《中华人民共和国教育法》的修订和《中华人民共和国家庭教育促进法》的出台，加强新时代劳动教育被纳入国家法治体系，劳动教育的实施也有了法律依据。同时，国家教育相关政策文件中也对开展劳动教育做出了具体规定，进一步明确了劳动教育在我国教育事业发展中的重要地位，为新时代劳动教育的全面实施打下了坚实的基础。从省市层面看，更多地区出台了劳动教育的相关政策文件，有力推动了劳动教育落实、落细、落地，极大地完善了地方劳动教育政策体系，也彰显了劳动教育的地方特色。这些文件围绕总体目标、基本原则、工作策略、内容要求、活动形式、实施路径、组织保障等方面，全面贯彻落实党的教育方针，落实立德树人根本任务，把劳动教育纳入人才培养全过程。相信今后还将有更多地区的劳动教育相关政策文件陆续出台。

政策已出，重在执行。构建新时代中国特色社会主义劳动教育体系是一项复杂而又艰巨的任务，既涉及劳动教育专兼职师资的培养与配备、劳动教育课程体系的设计与安排、校内外劳动教育实践基地的开发与建设等诸多实际问题，又涉及政府、群团组织、学校、家长以及学生等相关利益群体对劳动教育的认知与需求。这就要求各地在政策制定中要进一步建立系统思维，既要理顺关系，破除壁垒，协同推进，构建多元协同的新时代劳动教育推进体系，又要强化制度和安全保障体系，加强法律法规、规章制度建设，科学规范相关主体的责权利关系，保障劳动教育的科学性、民主性、安全性与合法性，以形成多方合力，共同推动劳动教育政策得到有效落实，劳动教育的实施取得更大成效。

2 学术研究：劳动教育理论研究全面拓展

2.1 研究热度持续升温

在知网学术资源总库以篇名含"劳动教育"进行精确检索，共查找到2021年度劳动教育类文章3177篇[①]，较2020年的1809篇有大幅提升（见图2-1），说明2021年度依然是劳动教育研究的热点年度。中国知网发布的2021年全网热搜词显示，"劳动教育"总检索次数达到32498次，居2021年中国知网全网热搜词第五位[②]，足见学界对劳动教育的高度关注。

2021年劳动教育领域相关研究主题分布广泛，覆盖了从幼儿园到高校的各个学段，包含了劳动教育的实践路径、课程设置、学科融入、教育评价、价值意蕴等各个方面，囊括了家庭、学校、社会各个领域的国内外劳动教育情况研究，既有理论探讨，更重实践探析，梳理了劳动教育的发展历史，总结了我国劳动教育现状，为未来劳动教育的发展指明了方向（见图2-2）。对2021年劳动教育相关研究进行进一步总结，大致可概括为6个方面：劳动教育的基础

[①] 搜索时间为2022年2月28日。

[②] 《2021年中国知网热搜主题Top10》，腾讯网，https://xw.qq.com/amphtml/20220115A003RH00。

中国劳动教育发展报告（2022）

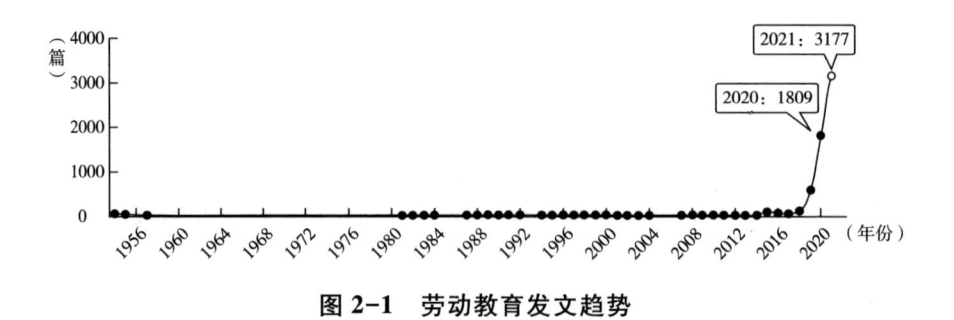

图 2-1 劳动教育发文趋势

理论研究、劳动教育的历史研究、劳动教育的国际比较研究、劳动教育课程与实施体系研究、劳动教育考核评价体系研究、劳动教育资源与保障体系建设。

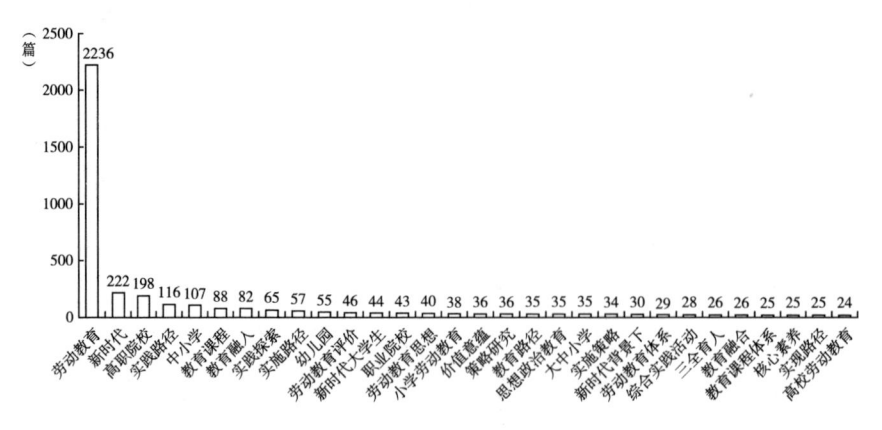

图 2-2 2021年劳动教育研究主题文献分布情况

2021年劳动教育研究学科分布广泛，涉及学科30余种，其中中等教育领域发文量为854篇，占比为24.18%。初等教育、教育理论与教育管理、高等教育、职业教育占比分别为19.71%、15.54%、15.06%和13.42%。除此之外，还涌现出了关于在党支部、共青团等群团组织中融入劳动教育的价值探讨与实践路径研究。

·18·

从文献来源看，2021年劳动教育领域发文最多的刊物是《新课程（上）》《上海教育》《考试周刊》《现代职业教育》《教育观察》，均超过了40篇。核心期刊中劳动教育领域发文量最多的是《中国教育学刊》《中国高等教育》《中国大学教学》，核心期刊中劳动教育领域共发表论文242篇，占总发文量的7.32%。

从发文机构看，2021年劳动教育领域发文量前十名的分别是北京师范大学、西南大学、上海师范大学、华东师范大学、安徽师范大学、中国劳动关系学院、山东师范大学、喀什大学、东北师范大学和广西师范大学。在发文量前30名的机构均为普通高等院校和职业院校，其中师范类院校占比为73.33%，2020年上榜的两所基础教育机构在2021年度的发文量也远落后于高校（见图2-3）。

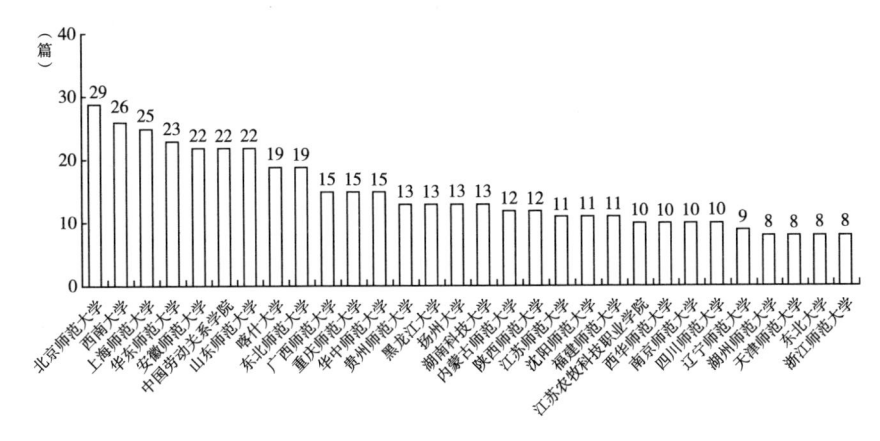

图2-3 2021年劳动教育研究发文机构分布情况

从作者情况看，2021年劳动教育研究发文量最多的作者分布情况如图2-4所示，其中排名前6的是王飞、班建武、刘向兵、何云峰、柳友荣、曲霞。在排名前30的作者中，有3位来自中国劳动关系学院，除3位从事中小学教育工作和1位教师进修学院的作者外，其他作者均来自普通高等院校和职业院校，说明基础学段对于劳动教育的研究比较分散，未呈现集聚效应。

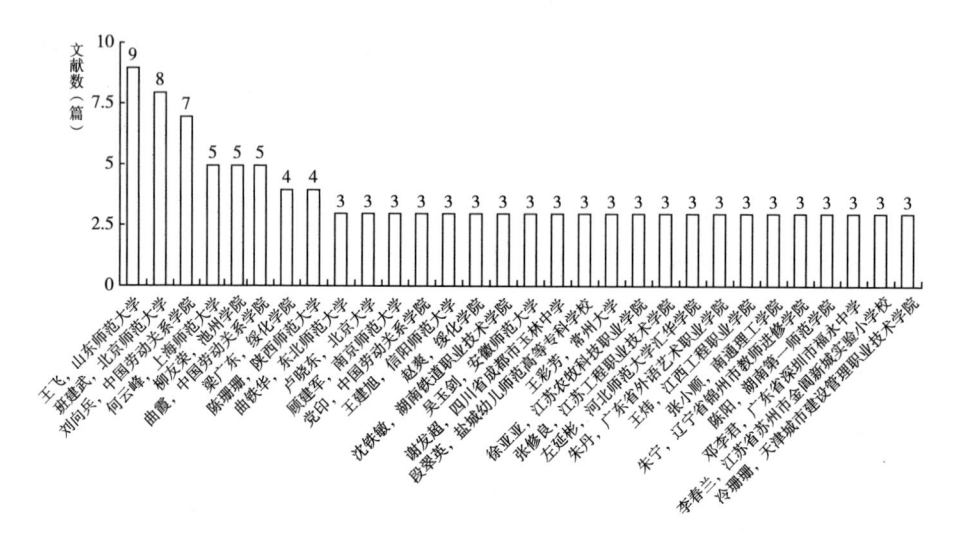

图 2-4　2021 年劳动教育研究作者分布情况

从学段分布看，研究中小学劳动教育的发文量最大，关于职业院校劳动教育和高校劳动教育的研究相差不大。在中国知网以篇名含有"劳动教育"并含"中小学""小学""初中""高中""基础教育"等进行检索，共检索到相关论文 832 篇。研究主要涉及劳动教育的现状调查、课程体系建构、劳动教育与学科教育融合、劳动教育融入综合实践活动和校本课程的探索，家校协同的劳动教育合作模式构建，乡村中小学劳动教育，以及通过劳动教育培养学生的劳动技能、劳动素养、劳动习惯、劳动态度、劳动观念等以促进其全面发展的相关实践，主题词包括"学科融合""实施路径""劳动价值观""乡村中小学""家庭劳动教育""全面发展"等。

在中国知网以篇名含有"劳动教育"并含"大学""大学生""高校"等进行检索，共检索到相关论文 490 篇。研究主要围绕新时代高校劳动教育课程体系建设、劳动教育师资队伍建设、劳动教育的独特育人价值、劳动教育的资源和保障体系建设等方面展开，主题词包括"创新创业教育""人才培养""高校后勤""教育体系建构""时代价值"等。高校劳动教育研究涉及的学科广泛，除"高等教育""教育理论与教育管理"等教育类学科外，还涉及了"社会学及统计学""中国近代现代史""中国文学""林业""旅游""体育"等学科，呈现出跨学科、多维度的研究特点。

在中国知网以篇名含有"劳动教育"并含"职业院校""高职""中职"等进行检索，共检索到相关论文335篇。研究主要包括劳动教育综合育人价值探讨、劳动教育课程体系建构、劳动教育中校企合作的实践探索、劳动教育考核评价体系建设等，主题词包括"文化育人""工匠精神""四位一体""校企合作""考核体系"等。其涉及的学科也比较广泛，包括"职业教育""宏观经济管理与可持续发展""人才学与劳动科学""军事""农业工程"等30余种。

2.2 劳动教育的基础理论研究

2021年劳动教育的基础理论研究更加深入，涌现出了关于劳动教育思想研究、原理研究、育人价值探析以及数字时代的劳动教育走向等方面的优秀研究成果，为进一步开展劳动教育研究奠定了很好的理论基础。

2.2.1 劳动教育思想研究

2021年，学者对习近平劳动教育思想、马克思劳动教育思想以及国内外伟大教育家的劳动教育思想进行了深入研究，详细介绍了其生成逻辑、核心内容、时代价值、对新时代劳动教育的启示以及实践路径等。

2.2.1.1 习近平劳动教育论述研究

习近平总书记关于劳动教育的重要论述，开辟了马克思劳动理论中国化的新境界，激发了广大人民群众参与劳动的热情，为新时代我国劳动教育发展指明了方向。2021年学者关于习近平劳动教育思想的研究比较深入，涉及的方面也很广泛。[①] 有的系统梳理了习近平关于劳动和劳动教育思想的生成基础：一是继承于马克思主义劳动教育思想的理论基础，二是厚植于中国优秀传统劳动文化的思想基础，三是源自为人民服务的实践基础，四是汲取我国劳动教育历史经验的智慧基础。有的将习近平劳动教育论述的核心内容概括为树立良好的劳动创造观、培养正确的劳动价值观、发挥积极的劳动育人观、践行科学的劳动实践观、加强必要的劳动保障观、构建和谐的劳动环境观。有的提炼了习近平关于劳动教育重要论述的时代价值：一是为实现国家富强、推进现代化建设明确根本途径，二是为坚守人民立场、牢记初心使命提供思想引领，三是为健全劳动教育、完善教育制度奠定理论基础，四是为全社会大力弘扬劳动精神营造良好风气，五是为马克思主义劳动理论开辟新境界。还有的从实践目标、实践内容和实践路径上提出了落实习近平总书记关于劳动教育的重要论述的系统部署。在实践目标上，坚持立德树人，培养时代需要的劳动主体；坚守育人

[①] 张淼：《习近平劳动观的生成逻辑、理论内涵及当代价值》，《黄河科技学院学报》2021年第4期；刘映芳、朱志明：《习近平关于劳动的重要论述及其时代价值》，《思想理论教育导刊》2021年第4期；刘芳芳、吴琼：《习近平关于劳动教育重要论述的思想内涵与时代价值》，《内蒙古社会科学》2021年第3期；谭丙华：《习近平关于劳动重要论述的理论渊源、内容体系及重大意义》，《德州学院学报》2021年第2期；吴琼、李竹姗、徐俊：《习近平劳动教育观的理论基石、现实依据与实践路径》，《佳木斯大学社会科学学报》2021年第5期；王伟：《习近平劳动观在高职院校的实践研究》，《开封文化艺术职业学院学报》2021年第11期；李井飞：《习近平劳动教育重要论述的时代内涵及践行路径》，《公关世界》（理论版）2021年第12期。

初心，彰显发展需要的劳动价值；坚信榜样力量，铸就社会需要的劳动精神。在实践内容上，推动劳动教育融入教育教学全过程，注重劳动者发展动力与自身素质的提升，营造尊重劳动热爱劳动崇尚劳动的社会氛围。在践行路径上，家庭层面要营造浓厚的劳动教育氛围，学校层面要完善劳动教育保障机制，政府层面要发挥统筹性、监督性作用，社会层面要释放劳动教育外部支持效能。谭丙华概括性地提出了习近平关于劳动重要论述"一体五维"的内容体系：一是劳动主体论，创造性回答了谁是新时代的劳动者，以及新时代对劳动者的新要求；二是劳动精神论，精准提炼了劳动过程中所孕育的劳模精神、劳动精神和工匠精神；三是劳动教育论，深刻阐释了劳动教育的价值目标、基本原则和主要元素；四是劳动价值论，从时间和空间两个维度系统解析了劳动的重要价值；五是劳动关系论，集中阐述了和谐劳动关系的构建与劳动者权益的保障两个方面的内容；六是劳动目标论，劳动目标论既立足当前又着眼长远，深刻阐明了劳动的终极指向和终极关怀。总之，2021年度，学界对习近平劳动教育重要论述的研究呈现出明显的体系化、结构化特点，力图从结构化的角度系统认识习近平总书记关于劳动教育重要论述的深远意义、发展逻辑和构建路径。

2.2.1.2 马克思劳动教育思想研究

马克思关于劳动和劳动教育的思想内容宏大、范围广泛、意义深刻。2021年学者对马克思劳动教育思想的研究主要涉及如下内容。[①] 一是

---

① 夏玲玲、亢升：《论马克思劳动教育思想的新时代转换》，《辽宁大学学报》（哲学社会科学版）2021年第2期；曾俊、吴龙仙：《马克思劳动观对劳动精神教育的建构意义》，《江苏海洋大学学报》（人文社会科学版）2021年第5期；李雨燕、曾茜：《马克思劳动教育思想及其当代启示》，《吉首大学学报》（社会科学版）2021年第2期；何杨勇：《马克思的劳动思想及其对劳动教育的启示》，《劳动哲学研究》2021年第1期；王婷、汤先萍：《马克思劳动教育思想及其对当代青年劳动教育的启示》，《思想理论研究》2021年第22期。

聚焦阐释劳动教育的基本内涵，强调劳动教育是劳动与教育的双向结合，其目的是满足个体不同层次的发展需要，劳动教育的基本途径是教育与生产劳动相结合。二是总结了马克思劳动教育思想新时代转换的价值旨归，指出21世纪马克思主义下的劳动教育思想是建设中国特色社会主义现代化强国的时代使命，是落实高校立德树人根本任务的育人要求，是促进个体全面发展的现实需要。三是揭示了马克思劳动观对劳动教育的价值导向在于建构以"劳动最崇高"为核心的社会主义世界观，树立以"劳动最伟大"为主题的社会主义人生观，坚定以"劳动最美丽"为标准的社会主义价值观，铸就以"劳动最光荣"为基础的社会主义道德观。四是明确了马克思劳动教育思想指导新时代中国劳动教育发展的原则遵循，包括在认识论层面要体现把握综合育人的内容导向，在方法论层面要体现开展协同育人的形式要求，在价值论层面要体现加强思想政治教育的功能属性。五是归纳了马克思的劳动思想对我国劳动教育的启示：要重视劳动关系和劳动制度的教育，劳动要遵循自然规律，要把握好劳动的双重作用，要树立正确的劳动金钱观，要通过劳动实践提升认识，要理解劳动分工的两面性，要立足实际关注青年的诉求，要借助劳动模范事迹大力宣传和弘扬劳动精神，要注重围绕创新创业强化马克思主义劳动观教育。

此外，还有多位学者从马克思劳动哲学的基本理论出发反思并认识新时代劳动教育。陈欣基于马克思的异化劳动理论，指出了劳动教育中应提防的异化风险，主要包括将劳动视为惩罚手段、轻视体力劳动、网络信息时代学生易形成投机取巧式的劳动观等，提出以实现人的全面发展为目的，坚持主体性、多样性、科学性的劳动教育原则。[①] 刘洪祥从马克思哲学劳动成人的育人意义出发，归纳了劳动显明人的

---

① 陈欣：《马克思异化劳动理论对新时代劳动教育的启示》，《哲学·文化》2021年第2期。

目的意志、构成人的成长动力、强化人的本质属性、充盈人的精神理性等马克思哲学劳动成人的内在逻辑,提出新时代劳动教育应秉持马克思哲学的话语体系,突出学生生命体的具身存在,重视关系性协作的劳动过程,追求共生于自然的劳动成长,形成基于自我评价的劳动成果。[1] 徐喜春深入阐释了马克思的人学思想对于劳动教育的重要指导意义,认为其人的本质理论揭示了劳动的主体现实性,人的需要理论明确了劳动教育的切入口,人的发展理论为劳动教育提供了方法指导,人的价值理论指明了劳动教育的旨归,我们应从满足人的本质属性和情感需要出发,更好地推进认识新时代青少年劳动教育。[2]

2.2.1.3 其他政治家、教育家劳动教育思想研究

2021年,学者对古今中外20余位政治家、教育家的劳动教育思想与实践探索进行了研究与介绍,相关研究主要集中在列宁、毛泽东、陶行知、苏霍姆林斯基等伟大政治家和教育家身上,为我国开展劳动教育提供了丰富的学习经验。

列宁作为世界上第一个社会主义国家的创建者,其关于劳动和劳动教育的思想受到我国多位学者的关注。周正宇、曹亚雄概括了列宁共产主义劳动观的基本内容:一是界定了共产主义劳动是一种为社会进行的无报酬的劳动的定义,二是归纳了共产主义劳动无酬而非有偿、自愿而非强制、自主而非定额的特点,三是揭示了共产主义劳动"星期六义务劳动、劳动军、劳动义务制"的实行方式,四是提出了共产主义劳动培育塑造个人品格、真正支援国家的价值。[3] 宫长瑞、

---

[1] 刘洪祥:《马克思哲学劳动成人的内在逻辑及其育人意义》,《华北理工大学学报》(社会科学版) 2021年第2期。

[2] 徐喜春:《马克思主义人学思想对青少年劳动教育的指导》,《湖北工程学院学报》2021年第4期。

[3] 周正宇、曹亚雄:《列宁共产主义劳动观及其当代价值》,《武汉理工大学学报》(社会科学版) 2021年第1期。

张乃亮系统总结了列宁关于劳动教育的核心思想：一是教育与生产劳动相结合，提高劳动技能；二是实行义务劳动，弘扬劳动美德；三是开展劳动竞赛，激发劳动活力；四是发展社会教育，提高劳动素质。列宁关于劳动教育的核心思想具有人民性与先进性相统一、系统性与科学性相统一、继承性与创新性相统一的显著特征，对我国劳动教育发展具有积极的参考意义：一是循序渐进，培育共产主义劳动精神；二是立足实际，结合市场导向培养劳动人才；三是因地制宜，依据地区需要开展义务劳动；四是因时制宜，顺应时代发展创新劳动竞赛；五是因材施教，根据综合素质组织职业培训。①

毛泽东劳动育人思想紧扣劳动人民解放的时代主题，针对不同的教育对象具有不同的目的和价值。熊建生、张琴将毛泽东劳动教育思想的价值意蕴总结为劳动是知识分子无产阶级化的改造路径，生产劳动养成了人民军队的优良作风，通过体力劳动永葆领导干部为人民服务的初心，培养具有全面知识的劳动者，并将毛泽东的劳动育人思想概括为对象广泛、主体双向、形式结合、目标改造等特点。② 郗培宇从毛泽东的《实践论》出发解读加强新时代大中小学劳动教育的意义，强调要发挥劳动对劳动自身升级的作用，对深化理论认识的作用以及改造劳动主体的作用。③

金钰珍从目的、载体、内容、方法等方面系统总结了陶行知的劳动教育思想，包括劳动教育的目的是"手脑相长"与提高"生活力"，劳动教育的载体是师范下乡与创办学校，劳动教育的内容是劳

---

① 宫长瑞、张乃亮：《列宁关于劳动教育的核心思想及其当代价值》，《江苏海洋大学学报》（人文社会科学版）2021年第5期。
② 熊建生、张琴：《毛泽东劳动育人思想及其当代发展》，《湖南科技大学学报》（社会科学版）2021年第2期。
③ 郗培宇：《从〈实践论〉解读新时代大中小学劳动教育》，《大学》2021年第17期。

动理论与劳动实践并重,劳动教育的方法是"教学做合一"与"在劳力上劳心"。① 张珍珍将陶行知的劳动教育实践经验概括为四个方面:创造劳动教育途径、打造劳动教育校园、编写劳动教育诗歌、制定劳动教育评价标准。② 赵伟聚焦陶行知的"教学做合一"思想研究其对加强劳动教育的启示。他将陶行知的"教学做合一"思想要义概括为"教学做合一"的重点在"做";"教学做合一"的内容来源于生活,切实培养学生的劳动技能;"教学做合一"能增进学生自主能力、完善人格,树立正确的三观;开展社会动员,倡导"小先生制",并由此出发,建议新时代劳动教育要坚守"做"的导向,紧扣生活实际,端正学生的劳动态度,培养学生良好的劳动品质,学校、家庭、社会必须综合发力,做好顶层设计。③ 赵雅通过回顾陶行知长期的教育探索,挖掘其教育思想中蕴含的劳动教育思想:一是生活即教育,在生活实践中开展劳动教育;二是社会即学校,设置中心学校强化劳动教育载体;三是教学做合一,劳力和劳心结合,理论与实践融合;四是行知行,劳动实践是获取真知的重要途径;五是乡村教育试验,改革中倡导正确的劳动价值观。由此指出了乡村定向师范生劳动教育开展的现实问题,从城市与乡村协同、显性与隐性协同、体力与脑力协同、校内与校外协同四个方面提出加强乡村定向师范生劳动教育实践基地建设、丰富劳动教育课程设置、开展劳动教育实践活动、重构劳动教育中的师生关系等方面的相关建议。④ 郐晓进基于陶行知手脑

---

① 金钰珍:《陶行知劳动教育思想及其当代价值》,《南京晓庄学院学报》2021年第3期。
② 张珍珍:《陶行知劳动教育思想及时代意蕴》,《巢湖学院学报》2021年第5期。
③ 赵伟:《陶行知"教学做合一"思想对新时代劳动教育的启示》,《东北师大学报》(哲学社会科学版)2021年第5期。
④ 赵雅:《陶行知教育思想对加强乡村定向师范生劳动教育的启示》,《山东农业工程学院学报》2021年第6期。

并用思想,提出乡村小学劳动教育课程目标要突出劳动时代性,资源开发要突出劳动生活性,课程实施要突出推进协同性,课程评价要突出主体多元性。①

熊彬霖、刘钊指出苏霍姆林斯基劳动教育思想受到马克思主义经典作家有关劳动教育理论和马卡连柯的劳动教育思想的影响,以服务社会、提高思想道德水平为目的,坚持全面性、连续性、创造性、多样性原则,采用自我服务、树立榜样、集体劳动、学科渗透的方法开展劳动教育实践。②张嘉懿、柳友荣认为苏霍姆林斯基教育思想的主要内容包括培养个性全面和谐发展的人,在集体中进行教育,重视道德教育,培养公民精神,这是认识其劳动教育思想的理论前提和逻辑起点。从这一思想逻辑出发,苏霍姆林斯基的劳动教育思想表现出以劳动价值观教育为首要前提,由认识性劳动向生产性劳动过渡,提倡脑力劳动与体力劳动相结合、个人价值与社会价值相结合等特点,由此启发我国劳动教育:一是发挥榜样作用,营造文化氛围;二是崇尚劳动之美,夯实价值观念;三是利用集体劳动,培养奉献精神;四是开发劳育资源,创新劳育形式。③徐雨洁指出苏霍姆林斯基劳动教育思想对我国中小学劳动教育的启示:一是自主选择自己兴趣倾向的劳动;二是重视劳动的公益性目的;三是重视劳动教育中家庭的作用,树立自我服务的精神;四是重视发挥劳动教育中学校的主体功能。④

张馨源总结了马卡连柯劳动教育的思想内涵:一是劳动教育是教

---

① 邱晓进:《基于陶行知手脑并用思想加强乡村小学劳动课程建设的思考》,《生活教育》2021年第13期。
② 熊彬霖、刘钊:《苏霍姆林斯基劳动教育思想对新时代劳动教育的启示》,《湖南第一师范学院学报》2021年第4期。
③ 张嘉懿、柳友荣:《苏霍姆林斯基劳动教育思想与现实启示》,《池州学院学报》2021年第4期。
④ 徐雨洁:《浅析苏霍姆林斯基劳动教育思想对我国中小学劳动教育的启示》,《新课程导学》2021年第7期。

育体系中至关重要的内容；二是劳动教育是促进人全面发展的重要途径；三是在集体中开展劳动教育，指出要重视幼儿阶段的劳动教育，在劳动教育中促进幼儿全面发展，在集体和家庭中开展幼儿劳动教育。① 程德慧研究了黄炎培劳动教育思想，指出双手万能、手脑并用是黄炎培劳动教育思想的核心要义，劳工神圣、职业平等体现了黄炎培劳动价值观和职业道德观，促进就业、增进生产、服务社会彰显了黄炎培劳动教育思想的时代使命，提高修养、完善人格、培育道德是贯穿黄炎培劳动教育思想的主线。② 李明高、刘旭光总结了江恒源对劳动教育价值与功能的认识，并提出实施劳动教育的重点在于创造"劳而后食"的社会风气，秉持"理实并重"的基本立场，规范劳动教育的组织实施，改变"囿于学校"的狭隘做法，抓住师范教育重要阵地，建立劳动教育研究平台。③

2.2.2 劳动教育原理研究

众多学者关注到了劳动教育认识和实践上容易出现的诸多误区，并进行了概念上的澄清。周波指出人们对劳动教育的认识存在一定的窄化、泛化和矮化问题，主要表现为把劳动教育视为体力劳动教育、生产劳动教育、道德教化的工具与手段，把学习学科专业知识、社会实践活动视为劳动教育，把劳动教育视为职业技能的训练活动，未把劳动教育视为培养全面发展的人的组成部分等。④ 班建武指出当前一

---

① 张馨源：《马卡连柯劳动教育思想内涵对幼儿劳动教育的启示》，《现代职业教育》2021 年第 9 期。

② 程德慧：《黄炎培劳动教育思想的生成逻辑、科学内涵及当代价值》，《教育与职业》2021 年第 14 期。

③ 李明高、刘旭光：《江恒源劳动教育思想及其当代启示》，《连云港师范高等专科学校学报》2021 年第 1 期。

④ 周波：《劳动教育的认识误区及其澄清》，《教育评论》2021 年第 4 期。

些学校在推进劳动教育的过程中，对于劳动和劳动教育关系的理解存在不同程度的实践误区，导致在劳动教育形式上用劳动代替对劳动的教育设计，在资源开发上将劳动教育资源简单等同于劳动资源，在评价上则用对劳动成果的评价来取代对劳动教育综合育人效果的评价。[1] 蒋士会、申婷玉通过审视"劳动教育"与"职业教育"的发展轨迹和概念演变，发现"劳动教育"与"职业教育"之间存在"并列、重合、交叉、包含"四种关联，也存在教育实施的主体与对象、目的、内容、方法、条件、评价等六个方面的差异，新时代的"劳动教育"应在厘清与"职业教育"区别的基础上，通过重塑劳动与职业价值观，强化顶层设计，构建劳动教育与职业教育相融合的课程体系，确立多方联动的劳动育人机制等途径实施。[2] 刘经纬、崔箐琳以大学生劳动精神培育为归宿，厘清了新时代劳动精神是一种吃苦耐劳的奋斗精神、认真负责的担当精神、不计回报的奉献精神和相互关爱的团队精神。[3] 孙振东分析了教劳结合与劳动教育的关系问题，教育同体力劳动、手工劳动相结合的必要性问题，劳动教育中的"劳动"是否包含非物质生产劳动的问题，以及综合技术教育、劳动技术教育和职业教育的关系问题，"劳动教育"与人的全面发展的关系问题，指出"教劳结合是造就全面发展的人的唯一方法"，是一个历史唯物主义命题，不能将教劳结合与劳动教育混同，应正确定位劳动教育在人的全面发展中的作用。[4] 康晓卿解释了"劳动、活动、实践"等概

---

[1] 班建武：《劳动与劳动教育的关系辨析及其实践意义》，《广西师范大学学报》（哲学社会科学版）2021年第2期。
[2] 蒋士会、申婷玉：《"劳动教育"与"职业教育"：概念辨析与路径探索》，《当代职业教育》2021年第2期。
[3] 刘经纬、崔箐琳：《大学生劳动精神教育论析》，《长春大学学报》2021年第2期。
[4] 孙振东：《关于劳动教育的若干理论问题》，《教育评论》2021年第4期。

念的一般含义,厘清劳动不等于劳动教育,劳动教育的内涵远超综合实践活动的内涵,劳动教育与德育、智育、体育、美育共同构成促进学生全面发展的普通教育。① 王天桥提出加强新时代劳动教育,需要正确认识和处理好四组关系:一是在原因与结果的关系上,要坚持劳动付出与劳动成果相统一;二是在认知与行动的关系上,要坚持劳动认知与劳动自觉相统一;三是在典型与大众的关系上,要坚持典型示范与社会参与相统一;四是在传统与现代的关系上,要坚持劳动传统与时代特征相统一。②

多位学者对劳动教育的内涵和意义进行了探讨。马开剑指出马克思主义者在不同时期所提出的"教劳结合"思想,不仅表述方式带有时代特征,而且其现实关注点也有不同,这是准确理解"教劳结合"的原点。马克思阐述"教劳结合"的最初关注点是劳动与谋生;早期共产党人倡导"教劳结合"探寻民主革命的道路,并意在改造旧知识分子;新民主主义革命及社会主义建设时期提出"教劳结合",旨在保障生计和发展经济,追溯"教劳结合"的渊源,让我们看到了它的别样含义,有助于我们认识其本质内涵及其对学校劳动教育的影响。③潘二亮、刘欣认为劳动教育作为一种"成人"教育,其实质是对人的感性需要与感性意识的属人生成与恢复的教育,要实现这种教育理念,不能仅仅从"劳动创造人"这一人类学视角认识劳动教育,还必须同时从雇佣劳动出发进行当代解读,必须把"劳动法权"意识的培养作为劳动教育的重中之重,以超越性的视野,既充分认识到雇佣劳

---

① 康晓卿:《关于新时代劳动教育相关概念的理解——兼谈正确认识劳动、活动、实践的一般含义及其关系》,《教育评论》2021年第4期。
② 王天桥:《论劳动教育中应正确认识和处理的几个关系》,《教育探索》2021年第7期。
③ 马开剑:《"教育与生产劳动相结合"的社会规律本质探析》,《天津市教科院学报》2021年第5期。

动的历史价值，又确信劳动的人类学不朽意义和永恒价值。[1] 毛菊等认为，面对新时代的新挑战，劳动教育不能囿于"活动""底端"，劳动教育的时代性与教育属性要求其必须高度重视学生高阶能力的培养。劳动教育的高阶能力包含高阶思维能力和社会情感能力，它对我国高阶人才的储备、公正民主劳动氛围的形成、良好劳动价值观的养成具有极大的价值。[2] 鲁品越提出劳动的三重价值是劳动教育的主题：一是劳动创造客体价值，培育学生尊重劳动成果的精神和学习劳动技能的实干精神；二是劳动创造社会关系价值，培养为人民服务的精神、团队合作精神、集体主义精神与社会共同体意识；三是劳动创造主体价值，即通过劳动创造出主体意志、主体情感、主体智能、主体技能、主体体能五个方面，提升德智体美劳素质。[3]

还有一些学者从不同的哲学视角出发探讨劳动教育的哲学意蕴及其建构路径。郭秋萍、邹卫民从现代理性哲学出发探讨了劳动教育的价值，认为新时代劳动教育应着重引导受教育者实现从个体理性向公共理性的跨越，建构和实现社会伦理的公共价值，强调劳动的主体性，使教育与生产实践相结合，力图实现人与自然、人与人、人与自身的和谐发展。[4] 胡佳新、陈诗从具身认知理论出发，指出劳动教育的"离身之态"带来劳动教育符号化，脱离了中小学生的生活世界，导致学生身体在劳动教育中的缺位、劳动情境在劳动教育中的错位。劳动教育应是一种具身认知，以生活实践活动为核心引领，按照身心

---

[1] 潘二亮、刘欣：《从劳动的双重维度审视劳动法权及其当代意义——对"劳动教育"的一种新解读》，《青年学报》2021年第2期。

[2] 毛菊、王坦、牟吟雪：《高阶能力的发展：劳动教育的时代召唤与回应》，《教育理论与实践》2021年第16期。

[3] 鲁品越：《劳动的三重价值是劳动教育的主题》，《劳动教育评论》2021年第5辑。

[4] 郭秋萍、邹卫民：《从个体理性走向公共理性——现代性视域下劳动教育的价值之思》，《劳动教育评论》2021年第5辑。

同一、心智统一、知行合一的原则在具身化的劳动实践中培养劳动习惯，实现中小学生内在与外在的通感，实现自我超越。① 程豪提出内源发展劳动教育是基于人、通过人、为了人，采用内源发展的思维方式探究劳动教育的运行机制，以期实现人的劳动自觉和生命成长。为突破当前劳动教育的内卷化，需在劳动教育思想上由工具价值走向生命本位，在劳动教育资源上由资源等待走向内容创生，在劳动教育实施上由外在传递走向内外互动，在劳动教育评价上由指向社会扩展到个体自觉，外在设计和内源发展共同构筑我国社会主义劳动教育的新体系、新话语和新格局。② 张志聪、周加仙认为工具的使用与制作实践是劳动教育中十分重要和有效的部分，介绍了工具的使用与创新的相关研究及神经机制，在最新的研究基础上，对中小学工具学习相关的课程提出相应的建议和研究展望，以期更好地促进教育与劳动相结合，提高儿童的工具创新和创造能力。③ 张方平认为小学劳动教育要以儿童的天性和需求为原点，将其与班务管理、团队活动、多学科协同、家务分担、社会实践融合起来，积极营造良好的劳动光荣的氛围，贴合实际开展劳动实践，让生活成为涵养学生劳动精神的沃土。④

2021年，有部分学者开始从学科体系建设和人才培养体系建设的角度探讨劳动教育体系完善问题。刘向兵、任国友、戴彩岩依据《中国图书馆分类法》（第四版）将劳动科学划分为劳动科学基础理论、劳动经济学、劳动法学、劳动关系学、劳动管理学、职业培训、

---

① 胡佳新、陈诗：《从离身到具身：中小学劳动教育的转向与实施》，《教育理论与实践》2021年第23期。
② 程豪：《从外在设计到内源发展：劳动教育变革的可能逻辑》，《大学教育科学》2021年第3期。
③ 张志聪、周加仙：《工具学习、使用与创新的神经机制及其对劳动教育的启示》，《教育生物学杂志》2021年第3期。
④ 张方平：《小学生劳动教育要做到五个融合》，《安徽教育科研》2021年第19期。

劳动社会学、劳动安全卫生学、劳动计量学、劳动统计学、劳动与社会保障学 11 个劳动+二级学科，并运用 Cite Space 软件，系统提炼了 11 个劳动+二级学科的知识图谱。该研究认为，劳动经济学、劳动法学和劳动关系学 3 个"劳动+学科"呈现显学特征，可以作为劳动科学一级学科的支撑二级学科，其他"劳动+学科"可以作为重要的构成二级学科。① 沈希、罗黎敏、杜学文重点探讨了劳动教育在专业学位研究生培养体系中的应用，提出以契合、结合、"真做"为培养理念，将劳动教育融入人才培养全过程，构建应用创新导向的培养模式与课程体系，依循知识应用创新和行动导向，建构"情""景"型课程体系、知识应用型课程实施、问题导向型教材体系、特派员导学教师体系，使专业学位研究生在实践能力、发展能力和职业素养上，达到专业学位培养目标和要求。② 赵癸萍指出创新劳动与重复劳动在劳动性质、劳动风险、劳动价值等方面差异明显，表现为原创型劳动、改进型劳动和创业型劳动三种类型。大学生创新劳动具有满足内在需求、推动自由发展、实现核心价值的个体价值，以及优化专业质量、储备创新人才、助推社会进步的社会价值。③

2.2.3 劳动教育的育人价值探析

2021 年，学者对劳动教育树德、增智、强体、育美的综合育人价值进行了深入细致的研究。靳玉乐、胡月指出劳动教育作为品格教育的重要途径，可以通过文化品格的塑造、情感品格的培养、精神品

---

① 刘向兵、任国友、戴彩岩：《"劳动+学科"的显学特征可视化分析》，《劳动教育评论》2021 年第 6 辑。
② 沈希、罗黎敏、杜学文：《高校劳动教育的思考与实现路径——以专业学位人才培养为例》，《中国高教研究》2021 年第 9 期。
③ 赵癸萍：《理论内涵·价值意蕴·培育路径：大学生创新劳动的三维透视》，《职业教育发展研究》2021 年第 2 期。

格的陶冶及实践品格的锤炼，达成培育学生完善品格的目的。① 辛婷、周凤生对劳动教育在高校人才培养中的重要意义进行了系统阐述，并深刻分析了高校劳动教育中蕴含的教育功能和价值：提高政治素养、培养道德品质、增强心理素质、提高创新能力。② 崔琳娜、罗建文强调，为了积极应对新兴科学技术给社会生产带来的新挑战，提升和增强劳动者的价值创造能力、自我发展能力和应对新挑战的能力、素养和技能，劳动教育是根本途径和"唯一方法"。③ 鞠志红、宋殿辉分析了劳动教育对管理专业人才的智商、情商、逆商三个方面的提升作用，证实了劳动教育的重要性，为提高管理类专业人才综合素质的养成提供了理论依据。④ 蚁曼分析了劳动教育对于提升学生党员党性修养具有重要意义：第一，劳动教育是中国特色社会主义教育制度的重要内容，决定了学生党员的精神面貌、劳动技能水平；第二，劳动教育是立德树人的重要途径，促使学生党员形成正确的劳动观；第三，劳动教育能削弱学生党员的功利性意识，决定其劳动价值取向，树立其科学的社会服务观念。⑤ 吴玉剑认为劳动教育能够引导青年学生坚定理想信念、练就过硬本领、强化使命担当，筑牢立德树人和时代新人培养的价值根基，是培养担当民族复兴大任时代新人的必然要求和必经之路。⑥ 习恒珍、顾京慧认为在大学生中培育劳动精神，有助于大学生坚定理想信念、确立价值取向、提高责任意识、传承勤劳品

---

① 靳玉乐、胡月：《劳动教育与学生品格的形成》，《教育研究》2021年第5期。
② 辛婷、周凤生：《劳动教育在高校人才培养中的意义与功能探析》，《西南科技大学学报》（哲学社会科学版）2021年第1期。
③ 崔琳娜、罗建文：《能力与情怀并重：劳动教育造就新时代高素质劳动者》，《云梦学刊》2021年第4期。
④ 鞠志红、宋殿辉：《劳动教育在管理类专业人才培养中的重要作用分析》，《就业与保障》2021年第4期。
⑤ 蚁曼：《劳动教育提升学生党员党性修养的探讨》，《党建研究》2021年第18期。
⑥ 吴玉剑：《论劳动教育与时代新人培养》，《教育理论与实践》2021年第27期。

质、提升就业能力、淬炼心智体质,对促进大学生成长成才具有重要的育人价值。[①] 王文琪、赵荣辉指出小学劳动教育作为良好的实践平台,为小学生同伴交往能力的培养提供了现实路径:一是劳动引导言说,培养表达能力;二是劳动增强体验,培养感知能力;三是劳动促进互助,培养合作能力。[②]

2.2.4 人工智能时代的劳动教育走向

人工智能时代的到来,深刻改变了劳动的既有形态和劳作方式,同时也使劳动教育的内在意涵产生了新的变化。张家军、吕寒雪认为在人工智能时代,劳动教育的价值意蕴在于树立兼容并蓄的多元劳动价值观,培育智能驾驭、协作与超越之能以及培植求实求真求新的劳动精神。[③] 计敏的研究表明人工智能背景下大学生劳动教育是对传统劳动教育的创新和发展,它将以云计算、虚拟现实、机器视觉为核心的智能技术运用于大学生劳动教育。人工智能背景下需要对大学生劳动教育重新进行定位,将培养正确的劳动价值观作为劳动教育的本质目标,将培养创造性劳动能力作为劳动教育的重点内容,将进行多元劳动实践作为劳动教育的落脚点。[④] 彭容容等的研究指出数字化时代劳动要素出现新特征,即劳动主体的泛物化、体力劳动和脑力劳动的割裂化、劳动精神和劳动技能的疏离化、劳动关系的非功利化、劳动环境的工具化。数字化时代开展劳动教育,需要在教育层面超越劳动

[①] 习恒珍、顾京慧:《新时代大学生劳动精神育人价值的思考》,《黑河学刊》2021年第3期。

[②] 王文琪、赵荣辉:《劳动教育背景下小学生同伴交往能力的培养》,《内蒙古教育》2021年第15期。

[③] 张家军、吕寒雪:《人工智能时代劳动教育的价值意蕴、困境与突破路径》,《广西师范大学学报》(哲学社会科学版)2021年第2期。

[④] 计敏:《人工智能背景下大学生劳动教育的实践路径探究》,《现代交际》2021年第12期。

"异化",要培养新的劳动素质以超越泛物化,协同体力劳动和脑力劳动以超越割裂化,融合劳动精神和劳动技能以超越疏离化,回归劳动本身以超越功利化,深化对生活意义的体验以超越工具化,共同推动大学生劳动教育的"掷地有声"和"落地生根"。[1] 冯孟认为,劳动巨变内在驱动职业院校劳动教育变革,教育方式需要走向智能,教育内容需要突出社会性、情感性的非物质性劳动内容,教育过程需要侧重于创造与愉悦,教育观念提倡热爱劳动,教育价值强调创造,教育目的指向人的全面发展,职业院校可以贯通"教、学、育、评、管"等教育各环节,构建以智能、个性、创造、多元为特征的劳动教育新模式。[2] 王治东等认为传统的"教育同生产实践相结合"的开展形式在主体培养、认知建构、实践锻炼等方面与智能化社会下的劳动需求还存在着一定的差距。因此,有必要立足智能化社会劳动形式的变化,将教育同智能化劳动相结合,以主体创造性的培养、实践方式的革新、理论认知的架构等维度开展劳动教育的变革,构建适应智能化社会需要的劳动教育体系。[3] 王惠颖提出面对人工智能革命,在技能层面,劳动教育应该进行数字化的转向,从操作性技能训练转向数字化能力培养;在认知层面,劳动教育应该进行智慧化的转向,从静态旁观认识转向实践探究智慧;在存在层面,劳动教育应该进行美学化的转向,从工具实用谋生转向存在美学提升。劳动教育的三重转向,可以从强化人工智能素养、培养劳动实践智慧、提升劳动审美境界等

---

[1] 彭容容、祝玥、高丽金:《数字化时代大学生劳动教育嬗变与超越》,《高校辅导员》2021年第5期。

[2] 冯孟:《人工智能背景下职业院校劳动教育模式构建》,《职业技术教育》2021年第22期。

[3] 王治东、张荆京、苏长恒、曾璇、张志、周继舟、张鹏:《智能化社会劳动教育的演进理路》,《现代基础教育研究》2021年第3期。

方面加以推进。① 宋微针对数字时代高校提高劳动教育实效性提出对策：加速新旧劳动体系结合，促进劳动教育一以贯之；扩大劳动教育师资队伍，推动专业技能提升；打造数字教育平台，营造全社会劳动氛围。②

2.3 劳动教育的历史研究

2021年正值中国共产党建党百年，有20余项研究从党史、新中国史的角度出发对我国劳动教育的发展历史进行了系统梳理，并从多个角度提出了完善新时代劳动教育的诸多建议。

相关研究，有的深度探讨了不同历史时期下劳动教育在党的教育方针中的演变。③ 刘向兵的相关研究发现，党的教育方针不断修改和完善的过程，就是党对劳动教育认识不断加深的过程。劳动教育在建党之初，就被视为唤醒工农群众政治觉悟的革命手段和巩固无产阶级政权的建设手段，受到高度重视，鲜明地体现于新民主主义革命时期的教育方针中；社会主义革命和建设时期的教育方针中，一方面强调劳动在社会主义价值观、意识形态和上层建筑建构中的作用，另一方面强调"必须为国家建设服务""必须向工农开门""普及与提高的

---

① 王惠颖：《人工智能时代劳动教育的三重转向与实施路径》，《南京社会科学》2021年第10期。

② 宋微：《论数字时代高校劳动教育的实效性》，《品位·经典》2021年第22期。

③ 刘向兵、张清宇：《中国共产党建党百年以来对劳动教育的探索》，《国家教育行政学院学报》2021年第7期；刘向兵：《回归、贯通与升华：中国共产党百年劳动教育史的现实启迪》，《中国高等教育》2021年第12期；刘向兵、谢颜：《劳动教育在党的教育方针变化中的历史演变与现实启迪》，《中国人民大学教育学刊》2021年第3期；刘燚、张辉蓉：《建党百年来劳动教育的历史变迁与反思展望——基于教育方针分析的视角》，《国家教育行政学院学报》2021年第4期；杨哲、高晶、吴燕：《我国劳动教育的政策变迁与历史嬗变——基于党的教育方针视角》，《安徽工业大学学报》（社会科学版）2021年第4期；程呈：《新时代劳动教育的历史逻辑与现实考量》，《西部学刊》2021年第20期。

正确结合",劳动教育的社会生产动员作用十分突出,劳动教育的独立性开始彰显;改革开放和社会主义现代化建设时期的教育方针中,劳动教育服务于社会主义现代化建设的使命非常明确,劳动教育的内容得到丰富和扩展,并成为实施素质教育的重要途径;新时代,劳动教育正式被纳入全面培养的教育体系,着力构建完善、系统、全面的劳动教育实施体系。劳动教育在百年党史中的历史演变说明,新时代劳动教育是对教育的社会主义本质的深刻回归,是中国共产党劳动教育主张的体系贯通和百年劳动教育探索的全面升华。刘燚、张辉蓉认为,教育方针规定着劳动教育的功能定位和发展方向,对"教育必须与生产劳动相结合"的不同理解影响着教育方针的内容构成和贯彻实施,满足社会需要和促进个体发展推动着劳动教育的变迁。我国劳动教育历经新民主主义文化教育总方针、新中国社会主义教育方针、新时期中国特色社会主义教育方针和新时代社会主义教育方针的指引共四个时期,体现出渐趋本土化、彰显时代性、相对稳定性、动力外生性和脑体分离性的特征。未来劳动教育的发展应坚持个人发展与社会服务的统一、因地制宜与统一方向的结合、劳动教学与劳动实践的互促。杨哲等从教育方针中对劳动教育的定位的角度出发,将新中国成立以来劳动教育发展概括为初塑时期(1949~1955年)、"停滞"(1956~1977年)与重塑时期(1978~1992年)、转型(1993~2000年)与整合时期(2001~2011年)、发展时期(2012年至今)四个时期,并强调必须根据人的发展需求定位劳动教育政策价值,始终以关注人的全面发展为行动本质,始终以人的发展为价值旨归。程呈回顾新中国成立以来劳动教育在党的教育方针中的呈现逻辑,提出新时代劳动教育已从"劳动力"认知走向"劳动性"体验,从教育形式完善为教育内容与形式的有机统一,从工具理性发展趋向价值理性,从以重复性劳动为主走向鼓励以创造性劳动为核心。

有的研究通过考察劳动教育在党史和新中国史的发展演变来深刻理解社会主义制度下劳动教育的特殊价值和内涵。刘向兵、曲霞的研究指出，社会主义制度下劳动教育的独特价值源于马克思主义的劳动解放思想及其对社会主义劳动体制的理想建构，表现为政治宣示、接班人培育、社会生产动员和意识形态建构四大功能。这四大功能在党的百年发展史均有明显的体现。建构中国特色的劳动教育模式，必须辩证处理好劳动教育的中国特色与一般规律的关系、劳动与教育的关系、劳动教育的教育属性与经济属性、政治属性的关系。[①] 吴怀友、杨秀果认为，社会主义劳动教育是新中国成立以来党的教育方针的重要内容，是培养担当民族复兴大任时代新人的紧迫需要，要从党的历史中汲取加强新时代社会主义劳动教育的经验智慧，强调社会主义劳动教育要与党和国家人才培养目标任务有机结合，要贯穿德智体美各方面和全过程，要大力营造全社会重视社会主义劳动教育的良好风气，要加强社会主义劳动教育的领导、协调、保障。[②] 张慧、王闻萱研究指出，中国共产党百年劳动教育是践行马克思主义劳动教育理论的需要，是培养全面发展的社会主义建设者和接班人的需要，是凝聚广大劳动人民精神与力量的需要，经历了初探与发展（1921~1949年）、尝试与纠偏（1949~1956年）、曲折与融合（1957~1976年）、调整与恢复（1978~2017年）、完善与强化（2017年至今）五个历史时期，推动新时代劳动教育，必须坚持党对劳动教育的全面领导，必须正确处理劳动教育与文化教育之间的关系。[③] 李建国、杨婷婷认为，

[①] 刘向兵、曲霞：《党史百年历程中劳动教育的功能及其实现》，《教育研究》2021年第10期。

[②] 吴怀友、杨秀果：《在党史学习中加强社会主义劳动教育》，《人民论坛》2021年第24期。

[③] 张慧、王闻萱：《中国共产党开展劳动教育的理论逻辑、历史演进及经验启示》，《中共山西省委党校学报》2021年第3期。

中国共产党领导学校劳动教育的历史演进呈现出阶段性特征，为不同历史时期党的主要任务的实现和主要矛盾的解决提供了物质保障、精神支撑和智力支持；中国共产党领导学校劳动教育的基本经验主要体现在把握社会主义政治方向的政治领导、遵循马克思主义指导地位的思想领导以及贯彻理论联系实际优良作风的作风领导三个方面；进入新时代，必须坚持党对教育事业的全面领导，夯实学生的马克思主义劳动观，提升学生求知、扬善、创新、达美的劳动能力。[1]

有的研究者从制度主义或政策学的角度揭示我国劳动教育政策发展演变的内在逻辑。汤秋丽从历史制度主义视角出发分析指出，新中国成立以来，我国劳动教育政策经历了渐进性制度转换、探索性制度置换、建构性制度微调三个阶段。政府决策和社会市场需求等宏观性因素影响着我国劳动教育政策的变迁，学习效应、协调效应、适应效应及高昂的运行成本等阻碍性因素使劳动教育政策变迁产生路径依赖，政府、市场、学校三方的权力博弈是劳动教育政策变迁的内在动力来源。我国劳动教育政策变迁要充分把握好关键点，突破路径依赖；要促进多元主体利益平衡，推动多元主体合作发展；要融合正式政策与非正式政策，缓解内部阻力。[2] 朱文辉、高一卓认为，中国共产党百年来劳动教育政策的历史演进过程交替呈现出为政治动员服务、为生产建设服务、为阶级斗争服务、为经济发展服务、为素质教育服务的五重价值侧重，和劳动教育随外部环境变化而调整、劳动与教育之间缺少内在的契合性、劳动教育政策推进过程中存在迂回性的三重图景，新时期劳动教育政策深入推进的基本途径有三：一是构建社会主义劳动正义观，以纠正劳动教育的异化；二是健全劳动教育理

---

[1] 李建国、杨婷婷：《中国共产党领导学校劳动教育的历史演进、基本经验及启示》，《学习与实践》2021年第2期。

[2] 汤秋丽：《新中国成立以来我国劳动教育政策变迁研究——基于历史制度主义的分析视角》，《职教通讯》2021年第4期。

论大厦,以指导劳动教育实践的健康发展;三是构建全方位的劳动教育实施形式,以引领学生全面而自由地发展。① 袁平凡则从劳动教育的价值理性逻辑出发,分析了新中国成立以来我国劳动教育的政策演进。他认为,新中国的劳动教育价值在政治逻辑上经历了从为无产阶级政治服务到为社会主义建设服务、为人民服务的过程,在经济发展逻辑上经历了从单一缓解就业压力到提供高质量劳动力资源的过程,在个人价值逻辑上经历了从提高综合素质到个人全面发展的过程。劳动教育内涵经历了从重视用劳动进行教育,到重视呈现劳动本身工具价值理性的过程:一方面,不断拓展劳动的经济内涵,发展技术劳动和创新劳动;另一方面,不断拓展劳动伦理内涵和法治内涵,发展诚信劳动和合法劳动。②

有的研究聚焦劳动教育课程建设进行了深入的历史梳理。③ 吕晓娟、李晓漪认为,新中国成立以来,我国劳动教育课程建设先后经历了探索期(1949~1965年)、特殊发展期(1966~1976年)、革新期(1978~2000年)、深化期(2001~2017年)和新时代构建期(2018

---

① 朱文辉、高一卓:《中国共产党百年劳动教育政策:历史回溯、特征体认与前景展望》,《教育理论与实践》2021年第31期。
② 袁平凡:《新时代我国劳动教育价值理性和工具理性的历史思考》,《中国职业技术教育》2021年第27期。
③ 吕晓娟、李晓漪:《我国劳动教育课程的发展历程、主要成就和实施方略》,《课程教材教法》2021年第8期;李东栩、赖明谷:《新中国成立以来中小学劳动教育课程的历史演变与未来展望》,《劳动教育评论》2021年第6辑;姚冬琳、何颖诗、谢翌:《1949年以来小学劳动课程变迁研究——基于政策文本的分析》,《中国德育》2021年第4期;余彦峰:《中小学劳动教育的时代诉求与实践路径——基于教育政策历史演变的视角》,《宁夏大学学报》(人文社会科学版)2021年第2期;关成刚、王樱霏:《如何发展中小学劳动教育课程:历史的梳理与反思》,《天津市教科院学报》2021年第5期;王楚含:《新中国成立以来我国中小学劳动教育课程形态的历史研究》,硕士学位论文,湖南师范大学,2021;曹晨宇:《新中国劳动教育的历史变迁与实施策略研究》,《职教发展研究》2021年第3期。

年至今）五个阶段。其成就主要表现为课程设置与教材开发成效显著，课程内容与社会历史发展结合紧密，课程人文性价值取向逐渐加强，"五育融合"发展的课程育人体系逐步构建，但也存在诸多问题。因此，推进新时代劳动教育需要将劳动教育纳入课程育人的全过程，拓建劳动教育实践基地，融入学科课程教学内容，创新多样化的课程实施方式，建构劳动教育评价体系，并植入劳动精神文化。余彦峰基于劳动教育政策演变史的视角分析指出，新中国成立以来，不同历史时期的劳动教育在课程设置、价值指导、职业发展方面积累了丰富的经验。新时代小学劳动教育须通过开发特色化的劳动教育校本课程体系、开展多样化的校内校外相结合的实践活动，促进家庭和学校之间的合作，建立全面科学的劳动课程体系，以促进学生健康发展。李东栩、赖明谷研究指出，新中国成立以来，不同历史时期的中小学劳动教育课程在课程设置、课程目标、课程内容、课程地位等方面表现出不同的特点。新时代中小学劳动教育课程建设要更加注重并解决好理论指导的准确性、有劳动无教育、劳动心得的体会与内化、劳动实践与技能性知识学习、劳动课程的独立地位等问题。姚冬林等运用文本分析法回顾1949年以来小学劳动课程的发展历史发现，我国劳动课程地位经历了受重视与被忽视的多次反复过程，课程价值取向由社会转向学生，课程内容由单一转向综合，课程要求日渐完备。新时代劳动教育课程设置应立足广域课程的视野，课程目的应兼顾劳动价值观的培养与创造性劳动素养的养成，课程内容应兼顾优良传统与新劳动形态，课程要求应全面兼顾课时、师资等。王楚含在其硕士学位论文中分析了我国不同时期劳动教育课程形态的时代特征，发现劳动教育课程外在形态的不断演进中其实蕴含了一致的内在逻辑：中国化的马克思主义是劳动教育课程演变的价值基础，发展的社会经济是劳动教育课程形态演变的决定条件，革新的科学技术是劳动教育课程形态演变的推动力量,基础教育课程改革的需要是劳动教育课程形态演变的内在要求。

此外,张志、邬思源分析了新中国成立以来高校劳动教育的历史变迁,指出我国高校劳动教育经历了探索时期、调整时期、实践育人时期、完善发展时期四个阶段,在目标、方式、实践上呈现出较为明显的阶段性特征。高校劳动教育发展的主要经验有,坚持用马克思主义劳动教育观指导实践,坚持中国共产党的领导,坚持以人为中心、结合学生的特点开展有针对性的劳动教育活动,促进高校劳动教育与思想政治教育相结合,促使劳动教育适应满足时代需要。新时代继续推进高校劳动教育应从把握劳动教育与其他四育之间的关系,完善高校劳动教育的实施保障机制,统筹学校与社会合力构建协同育人机制,吸收借鉴国外劳动教育的经验四个方面着手。[1] 郭耕延则聚焦研究了延安时期的高校劳动教育,认为延安时期的高校劳动教育形成党高度重视、教育与生产劳动相结合、思想教育与劳动教育相融合、全员参与等基本经验,对新时代高校劳动教育具有重要的参考价值。[2] 李永进的研究指出,延安时期的劳动教育使学生掌握了生产知识和生产技能,树立起正确的劳动价值观和良好的劳动品质,培育出大量既有文化知识又能从事生产的新人,为巩固抗日根据地、保障抗日战争的胜利起到了重要作用,也为推进新时代劳动教育提供了宝贵经验:一是党对劳动教育的高度重视和有效领导,二是促进教育发展规律、学生成长规律与地方具体实际相结合,

---

[1] 张志、邬思源:《新中国成立以来高校劳动教育的发展历程及其经验探析》,《青年发展论坛》2021年第3期。

[2] 郭耕延:《延安时期高校劳动教育的历史意义及现实启迪》,《教育评论》2021年第7期。

三是充分发挥劳动教育蕴含的思政育人功效。①

2.4 劳动教育的国际比较研究

除大量的劳动教育基础理论和发展历史研究类文献外，2021 年度还出现十余项劳动教育国际比较研究成果，国别主要涉及美国、德国和日本。

2.4.1 美国劳动教育研究

学者总结了美国开展劳动教育的典型做法和对我国劳动教育的启示②：在美国，受实用主义教育思潮和生计教育运动的影响，逐渐形成了家庭、学校、社区一体化的具有美国特色的劳动教育模式——以课程和活动为载体、以组织和协会为中介、以意识和生活渗透为手段、以法律和法规为支撑，且体现了极强的实践性、联动性、渗透性和组织性。我国开展劳动教育要充分认识劳动教育的多元价值，家庭教育中注重早期劳动意识的树立，学校教育中完善劳动教育的课程与活动，社区教育中紧密结合劳动与志愿服务，加强劳动教育师资培养和培训，紧密耦合劳动课程与学术课程，增设家政等劳动教育课程，借由劳动教育提升学生的至善与协同，培养"学业优秀、辛

---

① 李永进：《延安时期中国共产党开展劳动教育的历史考察与现实启示》，《高校马克思主义理论教育研究》2021 年第 1 期。
② 詹青龙、李银玲：《美国工作型文理学院劳动教育的模式与实施：以伯利亚学院为例》，《中国职业技术教育》2021 年第 21 期；张晓帆、徐建华：《美国劳动教育的演进历程、特点及启示》，《教学与管理》2021 年第 1 期；汪静、李炳煌：《美国中小学家校协同开展劳动教育的特点及启示》，《教学与管理》2021 年第 22 期；张晓报、王倩倩：《与学校生产生活相融合：美国深泉学院的劳动教育经验及启示》，《教育与考试》2021 年第 5 期。

勤劳动和服务社区"三位一体人才。

2.4.2 德国劳动教育研究

德国中小学劳动教育时代性、实践性并存，有着悠久的发展历史，始终是德国中小学课程的重要组成部分，在不断改革中形成了完善的劳动教育课程体系，积累了丰厚的发展经验，课程效果显著。[①] 为了培养劳动教育专职教师，德国大学在 20 世纪 70 年代相继开设了劳动学相关专业，且体系已较为成熟。劳动教育教师培养目标是让未来的教师掌握在中小学开展劳动教育所需要的专业知识、能力、态度，以及向学生传授相关知识和能力的专业教学法。[②] 综观德国劳动教师教育课程体系，其目标定位于培养具备专业素质的劳动教育师资，内容突出专业学科知识与教学论知识，课程实施凸显职业性与实践性，建构了质量评估与专业资格认证的一体化机制。[③] 学者研究认为，德国经验一方面可以为我国完善劳动教育的学科体系提供一些借鉴，另一方面还可以为我国高校设立劳动教育本科专业、硕士专业等贡献他者的经验，以期构建一支符合新时代劳动教育发展要求的专业化劳动师资队伍。

2.4.3 日本劳动教育研究

2006 年，日本政府修订了《教育基本法》，修订后的《教育基本法》进一步凸显了劳动教育的重要地位，明确学校教育要注重培养学

[①] 田钰析：《德国中小学劳动教育课程对我国的启示》，《现代教育》2021 年第 11 期。

[②] 孙进、陈囡：《跨学科与实践性：德国劳动教育教师培养模式探析》，《比较教育研究》2021 年第 9 期。

[③] 任平、雷浩：《德国劳动教师教育课程体系：结构·特征·经验——以慕尼黑工业大学劳动教育专业为例》，《外国教育研究》2021 年第 7 期。

生热爱劳动、珍爱劳动成果的良好习惯，引导学生关注未来职业与自身生活的关系。日本劳动教育已经形成了"幼儿—小学—中学—高等教育"一贯制的、较为成熟的劳动教育课程体系。[①] 日本劳动教育的主要特点在于与时俱进的目标定位、分级推进的精准施策、政法并举的双重保障、直接体验的内化于心、多元协同的主体参与。[②] 研究者认为，日本中小学劳动教育内容极为丰富，且劳动过程趣味十足。我国中小学劳动教育内容应力求多元化，避免单调乏味，预防学生对劳动失去兴趣。从日本经验可看到教师应积极参与中小学劳动教育实施过程，以身作则非常有必要。

2.4.4　其他国家研究

就其他国家情况看，爱沙尼亚基础教育阶段技术课程的教学目标是发展适宜学生年龄发展阶段的技术素养。具体包括适应技术世界、掌握技术发展趋势、了解技术和科学成就的联系、掌握适宜年龄阶段富有创意的技术素养、学习手脑结合、分析技术运用带来的机遇和威胁、尊重与保护知识产权、学习解决问题、将想法变成实践、承担必要的家务和健康饮食等。[③] 英国劳动教育围绕学科教学展开，大致分为自然科学、社会研究课程、日常技能学习课程、设计与技术课程以及社会参与性学习课程。韩国于2015年将劳动教育纳入"实科"与"技术·家庭"课程，着重培养学生在家庭生活及日常生活中的实践

---

① 王潇：《日本劳动教育的主要特点及其启示》，《山西青年职业学院学报》2021年第2期。
② 吴园：《日本劳动教育及其对我国高校劳动教育的启示》，《创新人才教育》2021年第4期。
③ 顾尔伙、杨东：《爱沙尼亚劳动技术教育课程整合及其启示》，《教育导刊》2021年第7期。

能力，以及对未来技术与职业生涯的理解与探索能力。[①]

2.5 劳动教育课程与实施体系研究

2021年学者关于劳动教育课程和实施体系的研究成果最为丰富，在中国知网以篇名"劳动教育"并含关键词"课程"进行检索，共找到1088条结果，占2021年发表论文总量的32.89%，可见课程与实施体系建设是2021年劳动教育研究的重中之重。学者对劳动教育课程与实施体系的研究大致从四个方面展开：劳动教育课程体系建构、劳动教育的学科渗透、劳动教育与实践活动结合以及协同作用下的劳动教育。

2.5.1 劳动教育课程体系构建

李丽萍提出以各学段纵向衔接和校内外横向协同的方式联通各类课程，建构国家、地方、校本三级课程统领的劳动教育体系：在国家课程中渗透劳动教育，在地方课程中拓展劳动教育，在校本课程中强化劳动教育，三级课程有效衔接，协同实施。[②] 华东理工大学根据新时代劳动教育的新要求，将大学生劳动教育相对分散的基本点有机融合，建构并实施了"德勤技专创"一体化的劳动教育体系。[③] 占时杰探索提出高职院校"一体（尊重大学生主体地位）两融（红色基因、

[①] 陈波涌、黄鑫楠：《中小学劳动教育的国际经验及启示》，《当代教育论坛》2021年第4期。

[②] 李丽萍：《以三级课程统领学校劳动教育体系建构》，《教育研究与评论》2021年第4期。

[③] 黄婕、刘金库、岳海洋、王慧锋：《新时代大学生"德勤技专创"一体化劳动教育体系的建构与实施》，《化工高等教育》2021年第1期。

工匠精神）三化（项目化、学分化、进阶化）"的劳动教育模式。①中国劳动关系学院与池州学院在长期实践中探索形成了具有较强普适性的"1353"学校劳动教育体系和"三层共管"的分工协调工作机制，找到了将劳动教育全面融入高校人才培养体系、建设高水平人才培养体系的可行路径。②卢琰探讨以学校、社会、家庭为载体，根据不同专业的学生开展有针对性的劳动教育实施途径，构建"3+X"劳动教育模式。③李妍等以广西理工职业技术学校为例，提出"1534+N"劳动教育模式，即坚持1个劳动教育核心，建设好5个劳动实践教育基地，搭建3个劳动教育成果展示平台，建立4个维度的机制，创设劳动教育多种路径，将劳动教育贯穿人才培养全过程。④

多地多校还开展了劳动教育特色课程的建设探索。⑤浙江省嘉兴市海盐县三毛小学开展了新三毛"小童务农"劳动教育的创新实践。从体系化的内容架构、新样态的实施策略、过程化的育人策略、动态化的多元评价等方面进行了主题化设计、项目式实施、全员化推进，注重家庭—学校—社会一体化、协同化实施，充分发挥劳动的综合育人功能。广东省广州市从化区新城小学植根国医传统，注重生活体验，编撰生动教材，开设具有鲜明产业化、生活化、社会化特色的

---

① 占时杰：《"一体两融三化"的高职大学生劳动教育探析》，《太原城市职业技术学院学报》2021年第11期。
② 刘向兵、曲霞、黄国萍：《高校劳动教育体系化构建的学理与实践》，《中国大学教学》2021年第9期。
③ 卢琰：《高校"3+X"劳动教育模式与实践路径》，《科技风》2021年第25期。
④ 李妍、李如岚、刘良军、廖庆智：《"1534+N"劳动教育模式的构建路径与实施成效》，《广西教育》2021年第6期。
⑤ 王红妹、俞良燕：《新三毛"小童务农"劳动教育新样态》，《基础教育课程》2021年第5期；邝卫华：《试论小学劳动教育有效策略——以新城小学"国医百草养健"课程建设为例》，《新教育》2021年第9期；闵宝翠、张红：《"木艺匠心"劳动教育主题课程的设计与实施》，《辽宁教育》2021年第11期。

"国医百草养健"劳动教育课程。大连市西岗区中小学劳动技能培训中心以优秀传统工艺为根基,融合现代科技,开发"科技+劳动教育"课程,结合学生的兴趣点和生活圈,设计"木艺匠心"劳动教育主题课程。

多位学者对中国文化融入劳动教育的实践路径进行了积极探索。[①]成尚荣从价值、内涵、方法途径三个方面介绍了中国特色、中国风格、中国气派的高质量劳动教育体系。沈丽结合高职院校劳动教育,分析了二十四节气传统文化的内涵及其融入高职劳动教育的积极价值,提出劳动教育与二十四节气传统文化融合的路径。任淑萍立足于高职院校劳动教育的现状,提出了将红色文化融入高职院校劳动教育的具体方案,包括模式构建、理论学习、劳动实践等多个方面的内容,旨在通过建立一套行之有效的红色文化引导的高职院校劳动教育模式,增强高职院校的劳动教育成果,促进高职院校学生的全面成长和发展。

2.5.2 劳动教育的学科渗透

关于劳动教育与学科教学相结合方面的研究主要集中在劳动教育与思政教育的结合上。徐永辉指出探索思政课与劳动教育一体化设计的实践路径,需要坚持劳动教育教学目标设计的系统性和层次性,注重劳动教育教学内容设计的整体性和连贯性,增强劳动教育教学方法设计的协同性和针对性,凸显劳动教育课程评价设计的科学性和差异

[①] 成尚荣:《构建中国特色、中国风格、中国气派的高质量劳动教育体系》,《劳动教育评论》2021年第5辑;沈丽:《高职劳动教育与"二十四节气"传统文化的融合路径分析》,《产业与科技论坛》2021年第9期;任淑萍:《新时代高职院校红色文化融入劳动教育的路径探究》,《中国多媒体与网络教学学报》(中旬刊)2021年第5期。

性。① 张成尧、宁吉娟提出思想政治课教师可以抓住学科知识的"契合点",更新劳动认知;利用乡土资源的"熟知点",激发劳动情感;活用议题教学的"思维点",锤炼劳动意志;用实活动型课程"实践点",培养劳动行为等方式来对学生进行劳动教育。② 姜雪提出为充分发挥劳动教育的思想政治引导作用、丰富文化内涵、体现道德实践价值,可以将具有强烈劳动精神代表性的劳动模范加入高校思想政治教育工作,探索"劳模导师"联合家庭、高校、企业三方面共同推进劳动教育的新方案。③

一些学者对劳动教育与全学科融合进行了研究。余军、吴倩提出了"1+N"全学科融合劳动教育的构想:以劳动教育根本目标为基准、以学校核心理念为方向、以学科劳动教育要素为路径,在学科教学过程中加强对学生劳动观念和劳动意识的渗透,充分挖掘学科教学中的劳动教育要素,以此构建时间课程、空间课程、活动课程三大主体劳动教育课程框架,在知识传递过程中渗透劳动的价值,在劳动实践中提升学生的劳动素养。④ 高美凤论述了劳动教育融入技工院校教学的必要性,在指出劳动教育融入技工院校教学现实困境的基础上进行融合路径的探讨,提出要在学科教学中积极融入劳动教育理念,通过深挖"劳动"因子、创新教学方法、营造良好氛围、打造融合实践基地等方式培养学生良好的劳动习惯和正确的劳动观念。⑤

---

① 徐永辉:《思政课与劳动教育一体化设计探析》,《教学参考》2021年第4期。
② 张成尧、宁吉娟:《思想政治课中渗透劳动教育的重大意义和现实路径》,《中共太原市委党校学报》2021年第4期。
③ 姜雪:《关于高校引入"劳模导师"创新思想政治教育工作的研究》,《黑龙江教育》(理论与实践)2021年第6期。
④ 余军、吴倩:《"1+N"全学科融合劳动教育的探索与实践》,《中国德育》2021年第3期。
⑤ 高美凤:《劳动教育融入技工院校教学的路径探究》,《现代职业教育》2021年第40期。

2.5.3 劳动教育与实践活动结合

冯新瑞分析了综合实践活动课程在落实劳动教育中的独特优势，包括综合实践活动以"价值体认"为核心的课程目标有利于落实劳动教育"培养学生正确的劳动价值观"的根本目标，其四种基本活动方式是实施相应劳动教育内容的重要途径，其校内外资源可以支持劳动教育的实施。① 陈开龙、蒋俊杰提出了"劳动+"型综合实践活动概念：以"劳动+课程"开展综合实践活动，重点培养学生的认知力；以"劳动+生活"开展综合实践活动，重点培养学生的生活力；以"劳动+服务"开展综合实践活动，重点培养学生的自动力；以"劳动+基地"开展综合实践活动，重点培养学生的实践力；以"劳动+创造"开展综合实践活动，重点培养学生的创造力。② 江琴阐述了德育实践活动中提升小学生劳动素养的重要价值及具体策略：创建实验基地，体验劳动乐趣；开展德育主题活动，培养劳动素养；通过多元评价，提高劳动素养；依托大自然，提高道德品质和劳动素养；关注细节，做好保障工作。③ 张杨、管伟康认为，高校应明确创新创业在劳动教育中的角色承担，践行劳动教育培养目标的服务性，把握培养过程的整体性，探索培养方式的多样性，提升学生的就业创业能力，增强其诚实劳动意识，培育奉献奋斗精神。④ 刘丽等提出高校劳动教育融合就业创业教育，通过劳动观念教育，促进大学生端正职业态度；通过

---

① 冯新瑞：《综合实践活动课程在落实劳动教育中的独特优势》，《教育科学研究》2021年第6期。
② 陈开龙、蒋俊杰：《"劳动+"型综合实践活动的内涵、框架及路径探讨》，《新课程研究》2021年第7期。
③ 江琴：《德育实践活动中提升小学生劳动素养》，《教育界》2021年第50期。
④ 张杨、管伟康：《高校劳动教育实施路径探索——以创新创业为切入点》，《创新与创业教育》2021年第5期。

专业劳动教育，促进大学生职业能力的提升；通过劳动实践教育，助力大学生综合素质提升，形成正确的就业观和择业观，为高校开展就业工作提供新思路。[①] 福建省厦门第二中学进行了以"劳"为核心的志愿服务实践探索：一是链接志愿服务平台，拓展劳动教育载体；二是完善志愿服务团体，构建劳动教育组织；三是建立志愿服务常态机制，助推劳动教育落地；四是随时随地志愿服务，劳动教育无处不在。[②]

2.5.4 劳动教育的协同作用

学者以发挥学校主导作用、家庭基础作用、社会支持作用为共识，对家校社协同开展劳动教育的机制与策略进行了研究。[③] 费月英等提出构建三方协同劳动教育实践的有效途径和方法：构建劳动教育师资建设机制、课内外劳动教育资源共享机制、劳动教育安全保障运行机制三方协同的运行机制，充分发挥信息技术和劳动教育的融合作用，充分发挥社会劳动模范教育力量。韩相勤的研究表明，系统的家庭劳动教育可遵循孩子成长的阶段性规律，从儿童期劳动意识启蒙、劳动习惯养成，少年期劳动态度形成、劳动能力提高，青少年期劳动价值观确立，三个阶段、五个层面，以"家庭日常生活劳动+劳动新形态"的方式来实施。

关于校企合作方面的研究，董梅总结了校企合作对大学生劳动教

---

① 刘丽、张振、蔡齐荣：《高校劳动教育融合就业创业教育的实践路径》，《现代交际》2021年第15期。

② 钟顺羽、柯常达：《基于志愿服务的劳动教育实践探索》，《创新人才教育》2021年第3期。

③ 张世娇：《家校社协同：劳动教育实践新样态》，《教育信息技术》2021年第4期；程豪、李家成：《家校社协同推进劳动教育：交叠影响域的立场》，《中国电化教育》2021年第10期；费月英、武彦芳、费雯雯：《构建三方协同劳动教育实践研究与思考》，载《劳动保障研究会议论文集（十）》；韩相勤：《劳动素养：新时代家庭劳动教育的 DNA》，《江苏教育研究》2021年第22期。

育的作用：有效促进大学生劳动教育与思想引领的紧密结合，有利于体现大学生劳动教育的时代特征，丰富大学生劳动教育的实践载体。[①]刘良军等论述构建"校企协同晋阶共育"劳动教育模式，构建"三模块双线并行"劳动教育课程体系，拓展职业化劳动教育载体与途径，建立校企"双主体三级联动"运行管理机制，施行"清单式达标晋阶"评价模式等劳动教育模式。[②]董灿兴等尝试在校企合作过程中初步构建劳动教育技能过程性评价、劳动精神品质过程性评价、劳动教育延伸性评价的劳动教育学习过程评价体系。[③]

此外，王炜对协同教育的内涵做了解读，指出协同教育具有多方发力、多措并举、互补互动三大特征，继而从教育目标的一致性与教育内容的关联性出发，分析了高校德育教育、体育教育、劳动教育协同教育的可行性，探讨了协同视域下高校"三育"并举的开展思路和对策。[④]陈光浩针对高校学生党员培养教育存在的问题进行分析，强调加强劳动教育与支部建设间融通的重要性并提出具体的实践方法：以考察劳动品质为切入口，优化学生党员发展机制；以组织劳动实践为载体，创新学生支部活动方案；以弘扬劳动精神为宗旨，发挥学生党员示范作用。[⑤]胡凌云的研究介绍了加强与社团活动、综合实践课程的融合与整合，让劳动教育落地生根的实践路径：寻求契合，挖掘

[①] 董梅：《基于校企合作的新时代大学生劳动教育研究》，《山东理工大学学报》（社会科学版）2021年第6期。

[②] 刘良军、李如岚、李妍：《中职"校企协同晋阶共育"劳动教育模式的探索》，《广西教育》2021年第5期。

[③] 董灿兴、徐凤杰、丁银花、王新昊、李成忠：《校企合作视角下高职农业专业学生劳动教育有效教学探析》，《现代职业教育》2021年第35期。

[④] 王炜：《协同视域下高校"三育"并举的开展》，《吕梁学院学报》2021年第3期。

[⑤] 陈光浩：《以劳动教育为载体创新高校学生党支部建设》，《才智》2021年第32期。

有劳动价值的项目；整体规划，做好课程顶层设计；协同共育，抓好师资队伍配置；强调参与，凸显课程劳动属性；着眼发展，注重持续跟进的教育评价。①

2.6 劳动教育考核评价体系研究

随着劳动教育的深入推进，劳动教育考核评价问题越来越受到关注。篇名中含有"劳动教育"并含"评价"和"劳动素养"进行检索，共检索到 2021 年度相关发文 66 篇，远高于 2020 年度 22 篇的发文量。

2.6.1 劳动教育评价

戴家芳将可操作性、可预期牲、可检测性和可显示性作为新时代劳动教育评价设计的"四可"标准，并将学生劳动习惯的养成作为新时代劳动教育评价的关键性指标。因为劳动习惯不但符合"四可"标准，还具有统整性，有利于把劳动观念、劳动精神、劳动技能、劳动品质等指标整合起来。② 王飞认为新时代劳动教育的评价机制重在健全和完善学生劳动素养评价标准，建立国家和省级学生劳动素养监测制度、综合表现评价与学段综合评价及督导制度。③ 陈静认为劳动教育评价在追求评价之"道"与评价之"术"的同时，应重视其灵魂塑造的一面，正确认识并把握价值、实践和技术三重逻辑。首先，以评价为载体让学生发现自己的存在状态，激发生命自觉、以身体道，

---

① 胡凌云：《基于社团活动的小学生劳动教育课程群开发研究——以慈溪润德小学"实践吧"为例》，《宁波教育学院学报》2021 年第 2 期。
② 戴家芳：《新时代劳动教育评价析论》，《教育文汇》2021 年第 1 期。
③ 王飞：《新时代劳动教育的示范、评价和激励机制构建》，《教学月刊》（中学版）2021 年第 9 期。

实现立德成人是劳动教育评价的核心要义。其次，在主体空间场域中注重评价性权力共享和动态调整，在评价标准上构建"内源+外源"式标准结构，在评价模式上遵循学评互嵌理念。最后，要"一分为三"地处理好评价和技术的关系，注重技术嵌合、技术善用逻辑，发现评价的本真状态，处理好技术融入、个体主观建构和获取社会支持的关系。[①] 赵雨佳、马勇军率先对我国中小学劳动教育评价的历史沿革进行了梳理，作出了五个阶段的划分：萌芽意识阶段（1949~1956年）、非常规突进阶段（1957~1977年）、规范发展阶段（1978~1999年）、模糊停滞阶段（2000~2011年）、突破发展阶段（2012年至今）。[②]

从评价视角看，CIPP模式成为劳动教育评价设计的主要视角，多项研究提出从"背景—输入—过程—结果"四个维度设置劳动教育评价指标。[③] 在背景维度下，将学校或地区对劳动教育的政策文件支撑、场地支撑、宣传氛围营造以及学生之前的劳动教育积累、对劳动教育的认知、参与劳动教育的真实动机、接受劳动教育的困难等纳入指标研制主要考虑的内容；在投入维度下，主要考虑经费、师资队伍、课程资源、实践场所、安全保障等指标要素；在过程维度下，主要从实施运行过程和实施过程性结果两个方面设计指标；在结果维度

[①] 陈静：《新时代劳动教育评价的三重逻辑》，《中国考试》2021年第12期。

[②] 赵雨佳、马勇军：《中小学劳动教育评价：历史沿革、现实问题及改革举措》，《教师教育论坛》2021年第3期。

[③] 殷世东：《中小学劳动教育课程评价体系的建构与运行——基于CIPP课程评价模式》，《中国教育学刊》2021年第10期；蒋红黎：《基于CIPP评价模式的小学劳动教育课程评价研究》，硕士学位论文，广西师范大学，2021；丁瑞、夏少辉：《基于CIPP模式的高职劳动教育评价》，《中国职业技术教育》2021年第28期；王慧：《基于CIPP模型的新时代大学生劳动教育评价研究》，《现代交际》2021年第9期；秦超：《小学劳动教育评价体系研究》，硕士学位论文，曲阜师范大学，2021。

下，重点考虑学生综合劳动能力提升和学生对劳动价值观的体认等学生劳动素养指标，以及学生毕业率、就业稳定性等效果指标。程嘉妮和骆明艳、刘任丰重点探讨了档案袋评价法在劳动教育评价中的应用，提出档案袋评价在劳动教育中的具体实施过程包括四个环节：明确应用档案袋评价目的，构建档案袋评价指标体系，收集和选择档案袋评价内容，开展档案袋评价交流与反馈，应坚持主体性原则、真实性原则、系统性原则和发展性原则，以劳动素养发展为核心设计评价指标。[①] 周颖娉等探讨了WSR系统评价法在劳动教育中的应用，运用物理—事理—人理三个方面综合考虑的系统方法论，设计了劳动教育评价的相关指标。[②] 高展望、姚福义围绕劳动价值观培养目标，从学校主体主导、家庭教育支持性、社会环境支持性、大学生个体特性设计了相关指标。[③] 陈季云结合OBE教学理念，从评价观念、评价方式和评价环节三个方面对劳动教育的考核评价进行了探讨，初步拟定职业院校劳动教育的考核评价体系。[④] 姚菡从心理健康教育视角出发将劳动心理状况纳入学生劳动素养评估指标，要求及时评估学生在认知劳动岗位、适应劳动环境、适应劳动强度、应对劳动关系、解决实际问题、接受自我劳动水平等劳动实践各个环节中的心理发展水平。[⑤]

---

① 程嘉妮：《档案袋评价在劳动教育中的应用思考》，《长春教育学院学报》2021年第1期；骆明艳、刘任丰：《基于档案袋评价的中小学劳动教育评价》，《湖北科技学院学报》2021年第6期。
② 周颖娉、吴甘霖、何吕平：《WSR系统评价法在高中劳动教育评价中的应用——以高中生物学"果酒果醋的制作"为例》，《科教导刊》2021年第23期。
③ 高展望、姚福义：《劳动价值观视域下高校劳动教育评价体系研究》，《继续教育研究》2021年第7期。
④ 陈季云：《浅议OBE教学理念下职业院校劳动教育的考核评价》，《大学》2021年第46期。
⑤ 姚菡：《心理健康教育视角下高职院校劳动教育评价体系研究》，《湖南邮电职业技术学院学报》2021年第2期。

从学段和类型看，2021年度关于劳动教育评价的研究涉及中小学[①]、职业院校[②]、师范院校[③]、普通高校[④]等各级各类学校。总体来看，各类学校劳动教育评价都主张采取多元化评价方式，强化过程评价、改进结果评价、注重综合评价、关注增值评价。职业类院校劳动教育评价指标设计中普遍关注校企合作的企业或者顶岗实习的用人单位的评价、学生劳动技能证书认定类别及数量、劳动技能比赛获奖等方面的指标。师范类专业高校的劳动教育评价设计中普遍重视师范生劳动观念、劳动教育意识和劳动教育教学能力培养方面的指标。大学生的劳动教育评价则普遍关注专业对口率、用人单位满意度等指

---

① 柴智强：《新时期农村小学劳动教育学校评价体系构建研究》，《考试周刊》2021年第50期；戴佳圣：《新时期农村小学劳动教育学校评价策略》，《考试周刊》2021年第50期；苏亚萍：《中学生劳动教育开放式评价体系构建研究》，《新课程》2021年第21期；刘长福、郑华恒：《中小学劳动教育评价应注重三性》，《中国教育学刊》2021年第5期；秦超：《小学劳动教育评价体系研究》，硕士学位论文，曲阜师范大学，2021；李燕：《我国初中生劳动教育评价标准的研究》，《大众标准化》2021年第10期；张慧：《浅谈小学低年级劳动教育活动的多元评价》，《小学教学参考》2021年第7期；骆明、刘任丰：《基于档案袋评价的中小学劳动教育评价》，《湖北科技学院学报》2021年第6期。

② 丁瑞、夏少辉：《基于CIPP模式的高职劳动教育评价》，《中国职业技术教育》2021年第28期；姚菡：《心理健康教育视角下高职院校劳动教育评价体系研究》，《湖南邮电职业技术学院学报》2021年第2期；陈季云：《浅议OBE教学理念下职业院校劳动教育的考核评价》，《大学》2021年第46期；高校梅、罗晓蓉、陈吉胜：《高职院校劳动教育开展师生考核评价标准探索》，《包头职业技术学院学报》2021年第2期；张力转：《高职院校劳动教育评价的现实困境与优化路径》，《南宁职业技术学院学报》2021年第6期。

③ 张铭：《高师院校劳动教育评价指标体系构建初探》，《安庆师范大学学报》（社会科学版）2021年第1期；朱贤友：《基于师范生人才培养的劳动教育评价体系构建》，《决策探索》2021年第2期。

④ 王慧：《基于CIPP模型的新时代大学生劳动教育评价研究》，《现代交际》2021年第9期；秦敏：《劳动教育纳入大学生综合素质评价档案中的价值思考》，《黑龙江档案》2021年第1期；高展望、姚福义：《劳动价值观视域下高校劳动教育评价体系研究》，《继续教育研究》2021年第7期。

标，以及将劳动教育纳入大学生综合素质档案的必要性和可行性分析。

2.6.2 劳动教育课程评价

劳动教育课程评价是劳动教育评价研究的重点，有 11 项研究聚焦课程评价。[①] 王笑地、殷世东认为，课程化是劳动教育科学化的必然要求，是劳动教育规范化的应然体现，是劳动教育有效性的实然路径，是劳动教育常态化的根本保障。建构科学合理的劳动教育课程评价体系是推进劳动教育在中小学有效开展的重要保障。中小学劳动教育课程评价必须指向劳动素养、关注劳动过程、走向具身参与，建构一体多元的课程评价体系，加强劳动教育的督导评价，不断增强劳动教育育人实效。从背景、输入、过程和成果四个维度建构基于 CIPP 课程评价模式的劳动教育课程评价体系，有利于获得劳动教育全过程中的效果反馈，从而调整劳动教育课程领导决策，推进劳动教育有序有效开展。李红婷认为，新时代劳动教育课程评价应注意克服重"结

[①] 李红婷：《新时代劳动教育课程评价：导向、问题与策略》，《现代教育》2021年第 7 期；王笑地、殷世东：《中小学劳动教育课程化及其评价研究》，《教育理论与实践》2021 年第 23 期；殷世东：《中小学劳动教育课程评价体系的建构与运行——基于 CIPP 课程评价模式》，《中国教育学刊》2021 年第 10 期；蒋红黎：《基于 CIPP 评价模式的小学劳动教育课程评价研究》，硕士学位论文，广西师范大学，2021；刘小惠：《新时代劳动素养评价体系建构与课程实践路径选择——以人大附中劳动教育课程建设为例》，《创新人才教育》2021 年第 2 期；张锐：《班级劳动教育课程设计与评价的操作方法》，《班主任之友》2021 年第 10 期；马春晖：《基于综合评价的劳动教育课程评价机制建构》，《福建教育》2021 年第 6 期；吴瀛灏、余修日、于胜兰：《大学生劳动教育课程管理与评价平台建设探究》，《科教文汇》2021 年第 23 期；杨晔珺：《新时代高校劳动教育课程评价体系完善措施》，《文教资料》2021 年第 11 期；汤小燕、魏宁、韩阳：《农业高职院校劳动教育课程评价指标体系研究》，《新疆职业教育研究》2021 年第 4 期；姬文广、韩董馨、李建华：《一体化、做中学、主任务、活课程——新时代劳动教育课程质量评价的"四把尺子"》，《人民教育》2021 年第 8 期。

果"轻"过程"、重"技能"轻"素养"、重"形式"轻"体验",以及窄化、弱化、异化、物化"四化"等问题,坚持科学性、发展性、参与性、整体性原则,研究劳动教育课程目标及其各层级目标的一致性设计策略,重视"教—学—评"的一致性研究,创新多样化评价方式,充分发挥劳动教育课程评价的反馈、导向和激励功能,不断提升劳动教育课程建设质量和水平。姬文广等提出劳动教育课程评价要掌握好的"四把尺子":凸显"一体化",系统构建加强上衔下接;强化"做中学",体现劳动教育实践属性;设置"主任务",基于真实情境整体设计;创设"活课程",注重因地制宜走向开放。蒋红黎在其硕士学位论文中,针对小学劳动教育课程评价中存在的评价主体单一化、评价方式简单化、评价内容片面化、评价反馈功能弱化等问题,基于CIPP评价模式建立了"课程开发—课程方案—课程实施—课程效果"的小学劳动教育课程评价理论框架。刘小惠介绍了人大附中以学生劳动素养评价为基础,遵循全员为师的课程理念,制定素养为本的课程目标,设置需求为引的课程内容,建立过程为主的课程评价,不断推进劳动教育课程建设的具体实践。张锐则聚焦班级劳动教育课程,从学习态度、学习过程、学习效果等方面进行了系统的表现性评价设计。吴瀛灏等重点介绍了大学生劳动教育课程管理与评价平台建设的基本思路。杨晔珺从考核环节、支撑毕业要求、课程目标、评分比例四个方面提出了高校劳动教育课程评价框架。

2.6.3 劳动素养评价

张进财、高芳芳认为,健全劳动素养评价是马克思主义劳动观教育的应有之义,是发掘劳动教育独特育人价值的因势之需,是改革教育评价"指挥棒"的创新之举,要努力克服劳动教育评价重管理价值轻教育价值、重共性准则轻个性指标、重技能传授轻素养形成等问题,建构科学的劳动素养评价体系。① 在中小学劳动素养评价的相关研究②中,学者提出要注意调和劳动素养评价目标的绩效取向与改进取向,兼顾劳动素养评价方式设计的技术性与育人性,平衡劳动素养评价标准选择的程序公平与实质公平,协调劳动素养评价结果设计的等级性和类别性,并结合工作案例从劳动意识、劳动观念、劳动能力、劳动成果等方面提出了评价建议。职业院校劳动素养评价研究指出,在职业教育学段,劳动素养评价指标应当强调"职业性"的特点,通过尝试构建职业院校学生劳动素养评价指标可以实现评价内容的具象化、结构化、简单化,在评价实施上,要坚持校内与校外相结合的多主体评价、定性与定量相结合的多类型评价、过程与阶段相结合的多节点评价等方式方法,构建融"生存、生活、生产"的劳动情境与任务,集"能劳动、会劳动、爱劳动"的发展维度于一体的劳动素养"三生三维"评价体系。③ 在大学生劳动素养评价方面,邱连波等认为,大学生劳动素养主要包含劳动知识、技能、成果及劳动价值观、劳动精神(品质)、劳动态度、劳动习惯,评价原则是评价主体多元化、评价标准多元化、评价方法科学化、过程评价与结果评价

---

① 张进财、高芳芳:《新时代劳动素养评价的价值意蕴与实践路径》,《思想政治工作研究》2021年第10期。
② 姚凤、姜丽霞:《发达地区小学生劳动素养评价体系探寻》,《上海教育》2020年第2期;卞玉昌:《小学生劳动素养评价体系的价值与构建》,《教学与管理》2021年第26期;刘金松、李一杉:《中小学生劳动素养评价需关注的四个基本问题》,《中国德育》2021年第13期。
③ 羌毅、姜乐军:《新时代我国职业院校劳动素养评价》,《教育与职业》2021年第4期;黄加敏:《高职院校学生劳动素养评价指标构建探析》,《科技风》2021年第15期;孙洁:《高职院校学生劳动素养评价指标体系建设研究》,《大学》2021年第51期;李琦、鲍鹏、周永平:《中等职业学生劳动素养"三生三维"评价体系建构》,《中国职业技术教育》2021年第28期;李浩泉:《新时代高职学生劳动素养评价体系探究》,《教育艺术》2021年第5期。

相整合、评价体现综合性。① 蔡瑞林、花文凤运用混合式研究方法，形成了包含劳动观念、劳动知识、劳动能力、劳动精神、劳动习惯和品质五个维度，下设28个指标的大学生劳动素养评价体系。②

2.7 劳动教育资源保障体系建设

劳动教育的深入推进实施离不开人、财、物等各方面资源保障。2021年度，开始涌现出诸多聚焦探讨劳动教育各方面资源保障问题的研究论文。

2.7.1 师资培养

对于任何一门学科而言，教师无疑是提升教学质量、教学效率的关键所在。教师的敬业精神、专业素养和教学水平将起到决定性作用。劳动教育被弱化和忽视的现实状况决定了进行劳动教育评价势在必行。同时，劳动教育与德、智、体、美各育相比，其实施和评价都具有独特性。而劳动教育具有综合育人的作用，充分把握劳动教育的育人价值需要做出正确的引领和导向，教师就是引领和导向的风向标。③

劳动教育专任教师需要在专业知识、职业素养和创新能力等方面达到基本要求，在各学段开展不同的教学和实践活动。目前中小学劳动教育专任教师数量较少且多年未变，在学历层次上存在结构性差异，职业院校和普通高等学校普遍没有劳动教育专任教师，没有设立专门的劳动教育机构。参照体育和美育的最低配备标准，测算劳动教

---

① 邱连波、楚旋：《积极开展大学生劳动素养评价》，《辽宁日报》2021年4月29日。
② 蔡瑞林、花文凤：《基于混合研究方法的大学生劳动素养评价指标体系构建》，《中国大学教学》2021年第11期。
③ 谢维花：《小学劳动教育教师专业发展的策略研究》，《家长》2021年第16期。

育专任教师的缺口至少为35万人。[1] 在劳动教育教师培养上，建议学习医务、公安、教师等专业性院校师资培养的经验，师资培训中要格外注意专业性理论与工作实践相结合，可联合学校所在地相关机构通过聘请专业人员进行培训和外派教师进行实训等方式提高教师实际操作能力，从而避免"纸上谈兵"的情况。在课堂传授中让学生知晓实际操作中出现的问题及处理方式，培养学生的劳动思考能力。[2]

2.7.2 基地建设

劳动实践基地是基础，没有劳动实践场所，发挥劳动的实践育人功能就无从谈起。因此，要充分整合实践基地与基础学校各学科的课程资源，对多学科知识与技能进行充分融合，开发创新授课新模式，探索新渠道。[3] 要致力于在新环境下转变工作思维，更新传统工作模式，开展线上模拟形式，在无法达到预期的基地建设情况下，充分利用体感、AI技术，引进建模，模拟环境，开展基地建设工作。

2.7.3 安全保障

安全保障是开展劳动教育最为重要的前提和基础。只有在组织管理制度风险、人员风险、交通风险、环境风险、不可抗力风险等方面均进行深思熟虑后才可达成理论上的"绝对安全"。因此，建立健全劳动教育管理体制既是必经之路，也是重中之重。[4]

---

[1] 党印、曲霞：《劳动教育专任教师：职责、供求与培养路径》，《劳动教育评论》2021年第6辑。

[2] 王飞：《新时代高校劳动教育教师队伍建设的基本路径探究》，《天津市教科院学报》2021年第6期。

[3] 罗长河、张映雄：《校外劳动教育实践基地建设的价值与行动》，《四川教育》2021年第18期。

[4] 刘娟娟：《劳动教育风险类型与安全保障机制构建》，《新智慧》2021年第29期。

要针对劳动教育课程建立起组织管理制度,结合实际劳动教育活动内容及参加人员现实特点,制定详尽的工作预案,避免危险情形的发生。要建立规范的规章制度,提高学生的自我防范意识,这是整个劳动教育安全风险防控的基础与前提。教师需要始终保持与学生之间的紧密联系及互动,了解学生的真实想法,关注学生安全防范意识树立的相关要求,给予学生更多自由发挥的空间。①

2.7.4 社会资源引入

如何真正推进劳动教育,尤其是突破原有劳动教育资源单一的现状,建构全社会全领域的劳动教育资源,形成多元立体、丰富适切的劳动教育学习空间,是加强劳动教育的重要途径。② 一是要整体规划,融入劳动教育理念。要利用好独特地理位置与特有资源,整体规划,顶层架构,融入现代劳动教育的新理念。二是要积极建构,引入劳动教育项目。要积极运用本地的特有物资,亲自设计、亲自制作,全过程是实践,是学习,更是锻炼。三是要植入学习方式变革。新形势下的劳动教育,要结合学校所在地的自然、经济、文化等因素,充分挖掘行业企业、科研院校等可利用资源,采取多种方式开展劳动教育。

2.8 总结与反思

2021年中国劳动教育研究持续升温,与2020年相比,研究成果明显增多,研究领域不断扩大,并且在劳动教育的基础理论研究方面较2020年有明显进展。对我国劳动教育的历史分析更加深入,对政

---

① 吴育妹:《浅谈构建小学劳动教育安全保障机制的对策》,《新课程》2021年第7期。
② 周子卿:《中小学劳动教育资源的开发策略研究》,《文教资料》2021年第23期。

治家和教育家的劳动教育思想研究更加系统，对劳动教育的国际比较研究更加多元，对劳动教育的评价研究更加全面，而且在家校舍协同开展劳动教育方面涌现出更多研究成果，既有理论思考，也有实践总结，为我国劳动教育开展提供了重要参考。

对 2021 年的劳动教育研究论文进行梳理分析，也发现了诸多有待深入研究的领域。一是《中共中央 国务院关于全面加强新时代大中小学劳动教育的意见》指出，要紧密结合经济社会发展变化和学生生活实际，积极探索具有中国特色的劳动教育模式，但目前关于劳动教育的研究中，缺少体现中国特色、时代特征、融入科技发展成果的相关研究。二是劳动教育作为促进人的全面发展的重要途径，对构建和谐劳动关系具有重要意义，但学者的研究局限于大中小学的劳动教育，缺少对普通劳动者、党员领导干部开展劳动教育提升综合素质、加强与人民群众血肉联系的研究。三是对如何正确处理劳动教育与其他育人机制关系的研究不多，许多学者偏重于劳动教育的德育属性，倾向于将劳动教育与思政教育融合，忽视了劳动教育的综合育人价值。四是对劳动教育的学科融合研究不够深入，学科教育中渗透劳动教育多是结合某一学科或专业进行，缺乏普遍的学科渗透研究，未能有效挖掘利用各个学科中独特的劳动教育资源。五是对劳动教育师资建设的研究不够深入，已有研究对如何扩大师资队伍、有效提升教师劳动教育意识和素养思考不多，未能打开新局面。六是缺乏劳动教育的社会宣传引导机制建设研究。宣传引导是营造全社会关心和支持劳动教育的良好氛围的关键，虽然多位研究者提到了大力弘扬劳动精神、劳模精神、工匠精神，营造全社会热爱劳动、尊重劳动、崇尚劳动的良好氛围的重要意义，但尚缺乏有效的劳动教育宣传引导工作机制建设的相关研究。

3 研讨交流：劳动教育工作会议推进有力

3.1 2021年度劳动教育工作会议概况

劳动教育相关会议是专门针对劳动教育某一领域或某一问题进行集中研究、讨论、交流的会议，它对于制定劳动教育相关政策、发展战略、方法措施等具有重要作用。这些会议不仅能够反映社会各界关注，研讨劳动教育的主要方向和关键领域，而且有利于促进各方面在劳动教育问题上达成共识，进一步推进劳动教育的实施。因此，搜集和分析劳动教育的相关会议，对于全面掌握劳动教育工作推进现状具有重要作用。

根据网络搜索统计，2021年全国召开各级各类劳动教育研讨会主要有31场。会议内容涉及高等教育、职业教育和基础教育各个学段。不同于2020年的劳动教育会议主题多集中于研究和指导层面，2021年的会议内容更加关注劳动教育的内涵建设和实施层面，以教育体系建设、教材编写、课程建设为主。

3.2 各级政府部门主办的会议情况

全国政协和各级政府行政部门主办的会议共19场,其中全国性会议3场,省级会议8场,市、区级会议8场。主办单位包括全国政协、教育部、各省市教育厅和教育局等。

3.2.1 全国政协、教育部层面的会议

10月21日,教育部召开的全国中小学劳动教育现场推进会尤为瞩目,这次会议是深入学习贯彻习近平总书记关于劳动教育的重要讲话精神和中央有关决策部署,交流总结各地中小学劳动教育典型经验,部署下一阶段重点工作的重要会议。教育部副部长郑富芝强调"劳动教育既关系到我们党的执政基础和民心基础,也关系到孩子奋斗精神和正确价值观念的培养,还关系到人的全面发展,具有极端重要性"。在总结讲话中他还强调,要把握好"一育"和"一课"的关系,防止窄化;把握好劳动和劳动教育的关系,防止走偏;把握好劳动教育和其他学科成绩的关系,防止阻力;把握好劳动教育规定要求和实施能力的关系,防止低效;把握好政府、部门和学校的关系,防止推诿。要以习近平新时代中国特色社会主义思想为指导,不断增强劳动教育的责任感和使命感,努力开创劳动教育新局面。这次会议不仅强调了劳动教育的重要性,而且提出了新要求,还发布了《全国中小学劳动教育典型案例》。这些案例根据教育部2021年7月开展的征集劳动教育经验活动中经专家评选的典型案例整合形成,是在实践中探索的宝贵经验,很值得中小学劳动教育学习和借鉴。

10月25日,由教育部职业院校文化素质教育指导委员会主办的全国职业院校劳动教育经验交流会在长沙航院等7个会场线上线下同

步举行。会议总结交流了各地职业院校劳动教育经验做法和成效，展示了工作成果，线上观摩会场3000余个，参与人数超13000人。教育部职成司司长陈子季在会议讲话中强调，职业院校实施劳动教育的新要求不只是培养劳动技能、进行劳技训练，也要树立劳动精神，将劳动观念和劳动精神教育贯穿人才培养全过程，贯穿家庭、学校、社会各方面。要结合职业教育特点，建立劳动教育工作体系，制定具有职业教育特色的劳动教育清单，建立劳动教育评价制度，探索具有特色的劳动教育模式，提高劳动教育的质量，促进学生全面发展，培养担当民族复兴大任的新一代产业人才。在深入推进劳动教育的同时，还要进一步规范职业院校实习工作。教育部教材局一级巡视员申继亮提出，要发挥职业院校劳动教育的优势，发挥劳动教育场所、相关课程、专业师资力量等方面的资源优势，使劳动教育成为社会了解职业教育发展情况的载体。

此外，全国政协还于12月13日在京召开"全面加强新时代中小学劳动教育"网络议政远程协商会，中共中央政治局常委、全国政协主席汪洋主持会议并讲话。他强调，加强劳动教育事关青少年健康成长，事关经济发展和社会进步，事关中华优秀传统文化世代传承。要深入领会习近平总书记关于劳动教育的重要论述，把劳动教育贯穿家庭、学校、社会各方面，与德育、智育、体育、美育相融合，引导中小学生树牢马克思主义劳动观，培养德智体美劳全面发展的社会主义建设者和接班人。与会代表认为，近年来，各方面对劳动教育的认识逐步深化、探索积极推进、措施不断完善，劳动教育被边缘化的局面正在发生改变，但总体看劳动教育仍是一块短板，工作中面临不少困难和障碍，需要持续用力、久久为功。委员们建议，要坚持顶层设计和因地制宜相结合，把握劳动教育基本内涵，科学设置劳动教育课程，建立健全相关教材、师资等标准，克服"有劳无教""有教无劳"等问题。要将德智体美劳"五育"贯通起来，探索各学科与劳动教育有效融合的切入点、发力点。2021年全国政协、教育部层面的会议如表3-1所示。

表3-1 2021年全国政协、教育部层面的会议

序号	会议名称	时间	主办方	会议形式	地点	教育分类	链接
1	全国中小学劳动教育现场推进会	10月21日	教育部	推进会	四川成都	基础教育	http：//www.moe.gov.cn/jyb_zzjg/huodong/202110/t20211022_574370.html
2	全国职业院校劳动教育经验交流会	10月25日	教育部职业院校文化素质教育指导委员会	交流会	湖南长沙	职业教育	http：//hn.news.cn/2021-10/26/c_1127996736.htm
3	"全面加强新时代中小学劳动教育"网络议政远程协商会	12月13日	全国政协	视频会议	北京	基础教育	http：//www.cppcc.gov.cn/zxww/2021/12/14/ARTI1639441647272106.shtml

3.2.2 各级地方教育行政部门主办的会议

各级地方教育行政部门主要是指省教育厅、市教委、区教委、教育局等。此类教育行政部门主办的会议占全体会议的52%。在各级教育行政部门主办的会议中，省级、地市级教育行政部门举办的会议占所有举办会议的81%，这一现象说明2021年度劳动教育的贯彻实施主要通过省、市两级来推动实现的。在习近平新时代中国特色社会主义思想的指导下，地方各级政府充分发挥自身职能，把劳动教育摆上重要议程，为保障劳动教育在本地区的组织实施起到了重要作用。值得一提的是，这一数字在2020年仅为40%，这说明省级、地级市政

府在2021年度的劳动教育工作中加强了重视程度，切实加大了劳动教育的投入力度和落实力度。从会议形式上来看，半数左右为研讨会和交流会，与2020年相比有小幅增加，这说明各级政府更加重视通过研讨交流的形式，积极研究本地区劳动教育的办法举措，并出台相应的政策措施。从地区分布上来看，主要分布在东部地区，如东北、华北、苏浙、广东等地区。中西部地区举办的会议明显较少，这也为未来的劳动教育发展规划指明了方向，在不断巩固东部地区劳动教育高质量发展的同时，应加快扶持和帮助中西部地区劳动教育有序发展，实现全国劳动教育的均衡、充分发展。

在教育行政部门主办的会议中，既有针对某一特定领域召开的会议，也有覆盖大中小学各学段的会议。其中，一些专题会议，主要结合该领域的特定问题进行深入交流和经验分享。比如，江西省教育厅以"推进新时代劳动教育，构建'五育并举'新格局"为主题举行的全省高校劳动教育成果展示交流会，集中展示了该省39所普通本科高校劳动教育特色项目和成果，起到了搭建江西省高校共研课程体系、共建课程资源、共享课程成果合作平台的重要作用。又如，广东省教育厅在全省范围内举办的中小学劳动教育现场观摩研讨活动，对基础教育阶段劳动教育成果进行展示和交流，分享开展劳动教育实践探索与方法创新的经验。对于覆盖多个学段的会议，主要以强调政策、提出要求、搭建平台为主。例如，辽宁省教育厅召开的全省劳动教育工作部署视频会议，分别对中小学、职业教育、普通高等学校的劳动教育课提出具体要求，总结经验、统一思想，力求找准新时代劳动教育工作的着力点。又如，天津市教委召开的新时代劳动教育成果交流暨工作推动会，全方位展示该市劳动教育育人成果。会上，天津市劳动教育师资培养培训中心、教学研究中心和大中小学劳动教育联盟揭牌成立。再如，2021年4月在广东东莞举办的广东省第二届中小学劳动教育实践基地建设研讨会，由广东省教育厅举办，参会者包括教育部专家、院校负责人，以及全省38所劳动教育基地代表。会上，院校代表对自身开展的劳动教育课程建设情况进行了详细汇报，提出了劳动教育课程实施的具体建议，就各自取得的成效和存在的问题以及可行性建议进行了分享。在会议中，各方均对建设经验、课程设计特色和困难进行了充分交流，对劳动教育和研学实践教育的关联进行了讨论。此外，会议还对《中共中央 国务院关于全面加强新时代大中小学劳动教育的意见》进行解读，并结合本省劳动教育的发展现状对未来的工作提出具体要求，对未来的发展作出展望。2021年地方各级教育行政部门主办的会议如表3-2所示。

表3-2　2021年各级地方教育行政部门主办的会议

序号	会议名称	时间	主办方	会议形式	地点	教育分类	链接
1	平顶山市体育暨美育劳动教育工作会议	3月14日	河南省平顶山市教育体育局	工作会议	平顶山市中小学生素质教育实践基地	基础教育、职业教育	http://jtj.pds.gov.cn/contents/18157/403481.html
2	济南市推进新时代中小学劳动教育工作会议	3月19日	济南市教育局	工作会议	山东济南	基础教育	https://baijiahao.baidu.com/s？id=1694711776563601746&wfr=spider&for=pc
3	广东省第二届中小学劳动教育实践基地建设研讨会	4月19~20日	广东省教育厅	研讨会	广东东莞	职业教育	https://gdzzdyw.gpnu.edu.cn/info/1028/2294.htm
4	广东省中小学劳动教育现场观摩研讨活动东莞专场	4月29日	广东省教育厅	研讨会	广东东莞	基础教育	https://m.thepaper.cn/baijiahao_12459543

续表

序号	会议名称	时间	主办方	会议形式	地点	教育分类	链接
5	全国大中小学劳动教育协同创新发展论坛	5月8~9日	北京市东城区教委	论坛	北京史家小学	基础教育、职业教育、高等教育	http：//www.bjdch.gov.cn/n3952/n3954/n3956/c10782251/content.html
6	青浦区中小学劳动教育工作推进会议	5月14日	上海市青浦区教育局	推进会	上海市青浦区实验中学	基础教育	https：//www.sohu.com/a/466593722_99933822
7	浙江省首届中小学劳动教育大会	5月20日	浙江省教育厅	全体大会	杭州市富阳区	基础教育	http：//www.zjjyb.cn/html/2021-05/26/content_32284.htm
8	宝山区劳动教育推进大会	9月7日	上海市宝山区教育局	推进会	上海市宝山区教育学院	基础教育	https：//www.shbsq.gov.cn/shbs/jyjgzdt/20210908/320129.html
9	沈阳市全面加强新时代大中小学劳动教育工作会议	9月14日	沈阳市教育局	工作会议	沈阳市大东区	基础教育	http：//ln.cri.cn/n/20210916/32a77c5f-b896-2758-a348-2955f9ab5f37.html
10	温州市直属学校劳动教育专题研讨会	9月17日	浙江省温州市教育局	研讨会	温州市学生实践学校	基础教育	http：//edu.wenzhou.gov.cn/art/2021/9/24/art_1324555_59019315.html
11	全省劳动教育工作部署视频会议	10月19日	辽宁省教育厅	视频会议	辽宁	基础教育、职业教育、高等教育	http：//jyt.ln.gov.cn/jyzx/jyyw/202110/t20211019_4292297.html
12	广东省中小学劳动教育现场观摩研讨活动珠海专场	10月28日	广东省教育厅	研讨会	广东珠海	基础教育	https：//www.163.com/dy/article/GNQ757IA0516A1SJ.html

3 研讨交流：劳动教育工作会议推进有力

续表

序号	会议名称	时间	主办方	会议形式	地点	教育分类	链接
13	江西省高校劳动教育成果展示交流会	10月29日	江西省教育厅	交流会	江西财经大学	高等教育	http://jyt.jiangxi.gov.cn/art/2021/11/1/art_42310_3705412.html
14	烟台市中小学劳动教育工作会议	12月15日	山东省烟台市教育局	工作会议	烟台市龙口区	基础教育	http://jyj.yantai.gov.cn/art/2021/12/16/art_17127_2908267.html
15	广东省中小学劳动教育现场观摩研讨活动佛山专场	12月16日	广东省教育厅	研讨会	广东佛山	基础教育	https://new.qq.com/omn/20211217/20211217A0AFL200.html
16	新时代天津市劳动教育成果交流暨工作推动会	12月28日	天津市教委	成果交流暨工作推动会	天津职业技术师范大学	基础教育、职业教育、高等教育	http://news.enorth.com.cn/system/2021/12/28/052194607.shtml

3.3 非政府机构主办的会议情况

由中国劳动关系学院、江西财经大学、天津职业技术师范大学及中国高等教育学会等非政府机构主办的会议共12场。会议内容以高等教育为主的共7场，职业教育2场，基础教育相关会议2场，另有1场同时涉及基础教育、职业教育和高等教育，为2021年5月9日在杭州富阳举办的中国教育报劳动教育大会。

3.3.1 高等教育领域的会议

在高等教育阶段，大学生的劳动素养与社会对高素质劳动者的需求仍存在着较大差距，为促进大学生德智体美劳全面发展，各地高校因地制宜，结合自身现状开展劳动教育。其中，江苏省委办公厅印发《关于全面加强新时代大中小学劳动教育的实施意见》，要求普通高等学校要将劳动教育纳入专业人才培养方案。与会代表指出，大学生的劳动教育，要更多地结合实践、实习、实训这三个方面，发挥大学生的聪明智慧，还要结合创新创业双创人才培养，进一步提升劳动教育的意义。

开展劳动教育的实质是建设行之有效的劳动教育课程体系，编写与之配套的劳动教育课程教材。只有通过合理的课程设置和实施，才能贯彻落实《中共中央 国务院关于全面加强新时代大中小学劳动教育的意见》和《大中小学劳动教育指导纲要（试行）》对于劳动育人的要求。2021年5月29日在江苏南京召开的首届高校劳动教育体系建设高端研讨会上，主办方中国劳动关系学院向各参会代表赠阅了由中国劳动关系学院教师团队编写的《劳动通论》（第二版），该书作为中国大陆地区第一部高校劳动教育教材，集专业性、权威性、实用性于一体，紧扣最新政策，融入课程思政，课程资源丰富，受到与会专家和教师的一致好评。

值得关注的是，2021年7月23日，由中国劳动关系学院承办，来自全国113家单位的170多位领导、专家学者和会员代表参加的中国高等教育学会劳动教育专业委员会成立大会在京召开，宣布成立中国高等教育学会劳动教育专业委员会。成立劳动教育专业委员会是落实党中央关于劳动教育重大决策部署的必然要求，是重要的政治任务。中国劳动关系学院作为首届理事长单位，将发挥统筹作用，加强研究服务，把专委会建设成为团结各大高校和研究机构，打造劳动教育理论研究的前沿阵地和推动新时代劳动教育高质量发展的高端智库。中国高等教育学会劳动教育专业委员会的成立，意味着首个全国性高校劳动教育学术组织正式诞生。2021年非政府机构主办的高等教育领域会议如表3-3所示。

表3-3 2021年非政府机构主办的高等教育领域会议

序号	会议名称	时间	主办方	会议形式	地点	教育分类	链接
1	中国高等教育学会劳动教育专业委员会第一届第一次常务理事会	1月15日	中国高等教育学会劳动教育专业委员会	常务理事会	中国劳动关系学院	高等教育	https://www.acftu.org/xwdt/qzdt/qzdtzsdw/202201/t20220118_803100.html?7OkeOa4k=qAkpq AqOEn WOEnWOEehY48CGCrKF9xt 2SQ5nJXVt6SVqqcjRC_p5qAqqEa
2	江苏省高等院校劳动教育课程建设与教学研讨会	4月22日	江苏省高等教育学会、江苏省高校教材管理工作委员会	研讨会	江苏南京	高等教育	http://www.jsgjxh.cn/newsview/27270
3	2021年高等学校劳动教育课程教材研讨会	4月24日	广西师范大学出版传媒研究院	研讨会	广西桂林	高等教育	https://c.m.163.com/news/a/G8ELNRF804409D2O.html
4	中国高教学会劳动教育专业委员会筹备大会	5月22日	中国高等教育学会	筹备会	中国劳动关系学院	高等教育	https://www.acftu.org/xwdt/qzdt/qzdtzsdw/202105/t20210529_781264.html
5	首届高校劳动教育体系建设高端研讨会	5月29日	中国劳动关系学院、高等教育出版社	研讨会	江苏南京	高等教育	https://news.culr.edu.cn/xxxw/0b13866a450548de939659fd2fc8c335.htm

续表

序号	会议名称	时间	主办方	会议形式	地点	教育分类	链接
6	中国高等教育学会劳动教育专业委员会成立大会	7月23日	中国高等教育学会	成立大会	北京	高等教育	https：//www.cahe.edu.cn/site/content/14385.html
7	中国高等教育学会劳动教育专业委员会第一次理事长办公会	9月18日	中国高等教育学会劳动教育专业委员会	办公会	北京	高等教育	https：//news.culr.edu.cn/xxxw/68089a27874047929ac5b23d644e332b.htm

3.3.2 职业教育领域的会议

在职业教育领域的各类会议中，专家们的基本共识是，开展劳动教育既要做好顶层设计，又要落实到位，应以国家需求为导向，探索和建设新时代劳动教育的有效模式。同时，应认识到在职业院校进行劳动教育实践探索的重大意义，充分发挥职业院校的资源优势和劳育作用，对当前职业院校劳动教育中存在的问题，如制度的配套建设、理论研究的加强等进行深度思考。

其中，最具代表性的是高等教育出版社和教育部全国高校教师网络培训中心于2021年5月9日在北京召开的职业院校劳动教育课程建设与教学实施专题研讨会。这次研讨会的主要内容是研讨新时代职业院校劳动教育体系的构建，探索中国特色的职业院校劳动教育模式及实施方案。2021年非政府机构主办的职业教育领域会议如表3-4所示。

表 3-4　2021 年非政府机构主办的职业教育领域会议

序号	会议名称	时间	主办方	会议形式	地点	教育分类	链接
1	职业院校劳动教育课程建设与教学实施专题研讨会	5月9日	高等教育出版社、教育部全国高校教师网络培训中心	研讨会	北京	职业教育	https：//edu.gmw.cn/2021-05/14/content_34850454.htm
2	高职劳动教育经验交流会	12月24日	10所高校	交流会	广东广州	职业教育	https：//www.nhic.edu.cn/info/1051/3928.htm

3.3.3　基础教育领域的会议

基础教育阶段是培养学生的劳动意识、劳动精神、劳动素养的重要阶段。近年来，中小学注重利用互联网区域优势，深入实施"劳动教育+高新技术"，因地制宜开展中小学生劳动教育实践。例如，由浙江省中小学教师培训中心、浙江外国语学院德国研究中心、杭州市滨江区教育局主办，杭州高新区（滨江）教育研究院承办的 2021 年白马湖之秋"劳动教育+"创新峰会暨名师新课堂教学研训活动，深入实施"劳动教育+高新技术"的校外大项目实践活动和"劳动教育+白马湖好课"的学科大单元融合行动，因地制宜开展中小学生劳动教育实践，着力建构"一校一项目"格局。目前，孵化出的典型学校智慧劳动项目代表有杭州市滨和小学"生态科技"、杭州市丹枫实验小学"数智农场"、杭州浦沿中学"创意制造"、杭州高新实验学校"智能服务"、浙江大学教育学院附属学校"科创物流"、杭州二中白马湖学校"未来社区"。2021 年非政府机构主办的基础教育领域会议如表 3-5 所示。

表 3-5 2021 年非政府机构主办的基础教育领域会议

序号	会议名称	时间	主办方	会议形式	地点	教育分类	链接
1	全国中小学劳动教育新实践经验交流会议	7月6~7日	山东省教育科学研究院	交流会	临沂市兰山区	基础教育	http://sdjky.net/index.php?a=shows&catid=1&id=3735
2	2021年白马湖之秋"劳动教育+"创新峰会暨名师新课堂教学研训活动	11月6日	浙江省中小学教师培训中心、浙江外国语学院德国研究中心、杭州市滨江区教育局	创新峰会	浙江杭州	基础教育	https://zhejiang.eol.cn/zhejiang_news/202111/t20211108_2172849.shtml

3.4 总结与评析

总的来看，2021年劳动教育会议的关注点正在从劳动教育"是什么""为什么要开展劳动教育"，向劳动教育要"做什么""怎么做好劳动教育"转变，反映出我国的劳动教育正在从理论层面向实践层面快速迈进。各类会议对劳动教育课程建设中"教什么""谁来教""怎样教"等问题进行了深入的讨论和研究，取得了一定成果。这些会议成了各校探讨劳动教育课程体系建设、教材编写与使用的重要交流平台。

综合来看，各级教育行政部门以及部分大中小学校在推动劳动教育工作方面发挥了主要作用。在各类会议中，专家们的基本共识是，近年来社会各界对劳动教育的认识逐步深化，正在积极地探索和推进劳动教育实践。但总体来看劳动教育仍存在诸多问题，应坚持顶层设计与因地制宜相结合，准确把握劳动教育基本内涵，科学设置劳动教育课程，探索各学科与劳动教育的有效融合，最终实现德智体美劳"五育"并举、融合的协调发展局面。

在会议主题方面，2021年的劳动教育会议比过去更加务实。各级教育行政部门的工作会和推进会数量明显增加，体现出经过过去一年时间的学习和研讨，各级教育行政部门已基本厘清了劳动教育的意义和方向，不只是停留于研究探讨层面，而是向实施层面逐渐推进和转变。

在会议内容方面，2021年的各类会议更注重将工作落到实处。会议通过经验分享、主题报告的形式，展现了各地区劳动教育一年来的工作成果；通过成果交流、观摩研讨等形式加强了各区域、各学校之间的合作。多数会议不再拘泥于劳动教育的目的、意义和价值，而是充分展示先进经验、分享创新做法，在求真务实的理念下引导大家共同探索劳动教育的有效实施路径。

从教育类型上来看，各级政府部门举办的会议虽然仍以普通教育为主，但对职业教育中的劳动教育给予了更多关注。首次召开了"全国职业院校劳动教育经验交流会"，进一步明确了劳动教育在职业教育中的关键地位，展示了不同省市职业院校开展劳动教育的有效实施经验，对劳动教育在职教体系中的落实、落地、落小、落细产生了积极作用。

此外，在高等教育、职业教育和基础教育三个不同学段，会议内容具有不同的侧重点，高等教育注重劳动教育高质量发展，职业教育关注劳动教育课程体系建设，基础教育则侧重于培养劳动习惯、发挥劳动的独特育人价值。劳动教育在不同教育阶段的不同特点，是由学生成长阶段和成长规律来决定的。在习近平新时代中国特色社会主义思想指导下，各级各类学校将按照教育发展规律，在不同层次、不同学段发挥劳动教育的重要作用，使其真正纳入人才培养全过程，真正成为"贯通大中小学各学段，贯穿家庭、学校、社会各方面，与德育、智育、体育、美育相融合，紧密结合经济社会发展变化和学生生活实际"的教育内容。

4 实施推进（1）：高校劳动教育方案百花齐放

学校是劳动教育的主阵地，需系统全面地普及劳动科学知识，培养劳动技能，引导学生树立正确的劳动观。为实现这些目标，学校需要在育人过程中增加劳动教育的内容，比如开设劳动教育课程、举办劳动教育讲座、组织劳动教育实训或实践活动、将劳动教育融入学科和专业，等等。在各级各类学校中，劳动教育的侧重点有所差异，我们将基于截至2021年底高等院校的劳动教育实施方案，分析高校劳动教育的实施情况。

4.1 高等院校劳动教育实施方案总体分析

高等院校包括普通高等学校（即本科院校）和高职院校（即大专院校），在人才培养方面的任务主要是培养专业化人才，让学生成为某个专业的专门人才，对接社会中的某个行业和职业。在2020年《中共中央 国务院关于全面加强新时代大中小学劳动教育的意见》（以下简称《意见》）和教育部《大中小学劳动教育指导纲要（试行）》（以下简称《纲要》）发布之前，普通高等学校没有进行专门的劳动教育，高职院校有常规的专业实训内容和顶岗实习环节，专业教育和职业教育是这两个学段的重要关注点，专业素质、职业素养是人才质量的重要方面，虽然两个学段有一些志愿服务活动、实习实训活动和职业精神讲座，不过大部分不是从劳动教育的角度开展的。

在《意见》和《纲要》发布后，劳动教育成为德智体美劳的五育之一，高等院校也要加强劳动教育，将劳动教育融入人才培养的全过程。因此，需要从劳动教育的角度审视各个育人环节，建立劳动教育的育人范式，发挥劳动教育的综合育人功能。为实现这一综合育人功能，学校层面制定出台劳动教育总体实施方案是非常必要的。一些高等院校纷纷响应号召，先后推出学校层面的劳动教育实施方案，进行了多方面探索，也有一些高校对劳动教育课程怎么开设、劳动教育实践活动怎么开展、如何与专业育人相结合、劳动教育教师和经费从哪来、如何鼓励劳动教育学术研究等问题还存在疑问，尚未推出系统化的实施方案。[1] 同时，也有学者认为高校劳动教育存在劳动内容浅层化、劳动方式简单化、与中小学混同化等问题。[2] 认真研究总结已推出实施方案的高校是如何解决这些问题的，梳理提炼各方案的共性和规律、亮点和特点，既可为高校进一步优化劳动教育实施体系提供参考，也有助于形成可学习、可借鉴、可复制、可推广的多元统一的高校劳动教育模式。

4.1.1　方案数量

通过网络检索、查询各高校的官方网站，截至 2021 年 12 月底，我们共收集到 80 所高等院校劳动教育实施方案的正式文件，其中有 75 所普通本科学校、5 所高职院校；18 所 211 学校、9 所 985 学校（见表 4-1）。此外，我们还检索到 8 所高校劳动教育实施方案的发文

---

[1] 王飞、车丽娜、孙宽宁：《我国高校劳动教育现状及反思》，《中国大学教学》2020 年第 9 期。

[2] 宁本涛、孙会平：《以"五育融合"之眼看大学生劳动教育》，《劳动教育评论》2020 年第 3 辑；刘向兵等：《全面加强新时代高校劳动教育》，《中国高教研究》2021 年第 4 期。

新闻，但未找到文件原文，故未纳入此次分析范围。

表 4-1 80 所样本高校一览

序号	高校名称	序号	学校名称	序号	高校名称	序号	高校名称
1	安徽财经大学	21	广东第二师范学院	41	南京科技职业学院	61	武汉轻工大学
2	安徽大学	22	广东石油化工学院	42	南京林业大学	62	西安电子科技大学
3	安徽工程大学	23	贵州师范学院	43	内蒙古大学	63	西安交通大学
4	安徽工业大学	24	海口经济学院	44	宁德师范学院	64	西北工业大学
5	安徽师范大学	25	邯郸学院	45	青岛滨海学院	65	西北师范大学知行学院
6	安徽艺术学院	26	杭州师范大学	46	泉州师范学院	66	西南财经大学
7	北方民族大学	27	河北大学	47	厦门大学	67	西南大学
8	北京理工大学	28	河北科技师范学院	48	厦门大学嘉庚学院	68	西南医科大学
9	北京体育大学	29	河南城建学院	49	上海财经大学	69	西藏民族大学
10	常熟理工学院	30	湖北大学	50	上海外国语大学贤达经济人文学院	70	湘潭大学
11	常州大学	31	湖北科技学院	51	商丘工学院	71	徐州工程学院
12	常州机电职业技术学院	32	华北理工大学	52	上饶师范学院	72	永州职业技术学院
13	池州学院	33	华南农业大学	53	四川华新现代职业学院	73	云南锡业职业技术学院
14	滁州学院	34	吉林大学	54	苏州大学文正学院	74	浙江传媒学院
15	重庆大学	35	江苏大学	55	苏州工业职业技术学院	75	中国地质大学（北京）
16	重庆三峡学院	36	江苏海洋大学	56	泰州学院	76	中国矿业大学
17	重庆医科大学	37	兰州大学	57	皖西学院	77	中国劳动关系学院
18	重庆邮电大学	38	辽东学院	58	武昌工学院	78	中国农业大学
19	佛山科学技术学院	39	闽南师范大学	59	武昌首义学院	79	中国人民大学
20	福建师范大学协和学院	40	南昌大学	60	武汉科技大学	80	中央财经大学

注：各高校按校名拼音排序。

80所高校中，12所来自江苏，9所来自安徽，8所来自北京，所有样本高校的地区分布情况如图4-1所示。

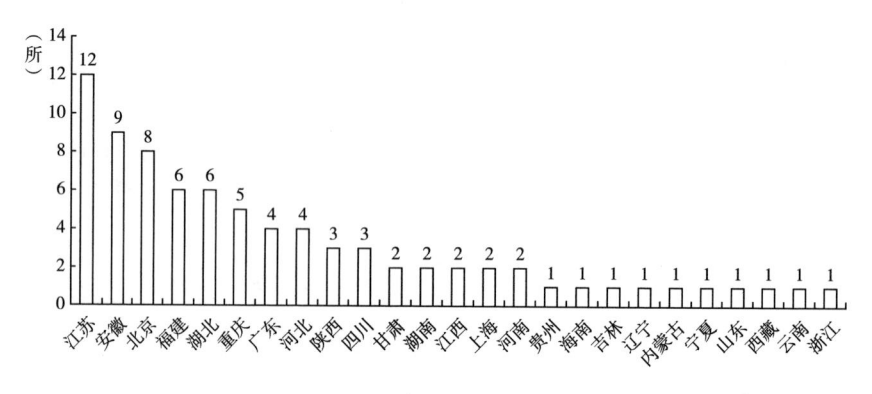

图4-1 80所高校的地区分布情况

4.1.2 牵头负责劳动教育的部门

由于劳动教育是面向全校所有学生、涉及学校多个部门和所有二级学院的工作，方案的落实落地需要有一个统筹协调机构。我们特别关注了各校方案中是否有明确的统筹协调部门，发现有的学校没有成立学校层面的领导小组或统筹协调委员会，直接安排一个牵头负责部门。在我们收集的80所高校中，45所高校成立了劳动教育工作领导小组或劳动教育委员会，其中1所由党委书记和校长共同担任组长，11所由校长担任组长或主任，21所由副校长或副书记担任，1所由教务处处长担任，3所由校领导担任但未明确具体职务，8所未予明确。这45所高校中，27所由劳动教育领导小组或委员会统筹学校多个部门开展相关工作，18所高校进一步明确具体牵头部门，其中10所高校指定由教务处牵头，5所由学工部牵头，1所由团委牵头，1所由后勤部门牵头，1所由创新创业实践教育中心牵头。在未成立学校劳动教育工作领导小组或委员会的35所高校中，5所由教务处牵头负责劳动教育工作，10所由各二级学院负责，1所由本科生院负责，3所由学工部负责，5所由教务处、学生处和本科生院等多个部门联合负责，其他高校没有明确具体负责部门。

4.1.3 学时与学分情况

《意见》和《纲要》有劳动教育的最低学时要求，没有学分要求，在实际执行过程中，可能有不达标的情况，也可能有超过最低标准的情况。80所样本高校中，对劳动教育学时的最低要求为16学时，最多为120学时。各高校对劳动教育学分的认定参差不齐，仅44所高校对劳动教育学分有明确规定，最少1学分，最多6学分，大部分高校按照国家规定对本科生设置了2学分的劳动教育学分，2学分的分配方式主要为理论教育1学分、实践教育1学分；13所本科院校设置的劳动教育学分为1学分；湘潭大学虽然要求学生在1~7学期每学期至少组织一次集中劳动，但却明确劳动教育不计入学分；35所高校尚未在实施方案里明确劳动教育是否设置学分标准，但其中有15所高校在意见里明确了劳动教育学时。

4.2 高等院校劳动教育实施体系分析

《意见》在"全面构建体现时代特征的劳动教育体系"部分明确要求"设置劳动教育课程"，当然这个课程不仅仅是指32学时的劳动教育必修课，而且包含了三大类课程：一是"在大中小学设立劳动教育必修课程"，这个课在高校的要求是32学时，类似于我们今天的思政必修课程，是单列的；二是"其他课程结合学科、专业特点，有机融入劳动教育内容"，可以称之为融合课程，没有学时要求，类似于现在所说的"课程思政"；三是"大中小学每学年设立劳动周"，可以称之为实践课程或活动课程。因此,这三类课程共同构成了《意见》所说的"设置劳动教育课程",是要"形成具有综合性、实践性、开放性、针对性的劳动教育课程体系"。

教育部《纲要》进一步指出,要将劳动教育纳入人才培养全过程,丰富、拓展劳动教育实施途径,并提出四个途径,分别是独立开设劳动教育必修课,在学科专业中有机渗透劳动教育,在课外校外活动中安排劳动实践,在校园文化建设中强化劳动文化。这四个途径分别对应于课程劳育、专业劳育、实践劳育和校园文化劳育。刘向兵、赵明霏根据《意见》和《纲要》精神,认为思政劳育和学术劳育也是推进劳动教育的途径。[①] 我们认为,以上六个途径是劳动教育发挥育人功能的必经之路,各个途径的宽度和便利程度决定着劳动教育的效果,这六个途径加起来构成学校层面的劳动教育具体实施体系,这一部分将分析 80 所高校对六个途径的总体部署和安排。

4.2.1 独立开设劳动教育必修课

关于必修课,《纲要》要求职业院校开设劳动专题教育必修课不少于 16 学时。普通高等学校要明确主要依托的课程,可在已有课程中专设劳动教育模块,也可专门开设劳动专题教育必修课,本科阶段不少于 32 学时;在开课方式上,可在已有课程中专设劳动教育模块,也可专门开设劳动专题教育必修课;在课程内容上,应加强马克思主义劳动观教育,普及与学生职业发展密切相关的通用劳动科学知识,并经历必要的实践体验。在高校的实践中,有的学校既开设了劳动教育必修课,也建立了劳动教育课程群,并在其他课程中融入劳动教育,进行了多样化探索。

---

① 刘向兵、赵明霏:《构建新时代高校劳动教育体系的理论逻辑与实践路径——基于知识整体理论的视角》,《中国高教研究》2020 年第 8 期。

4.2.1.1 专门的劳动教育课程或劳动教育依托课程

80所高校中，落实劳动教育学时要求的方式有三种（见图4-2）。

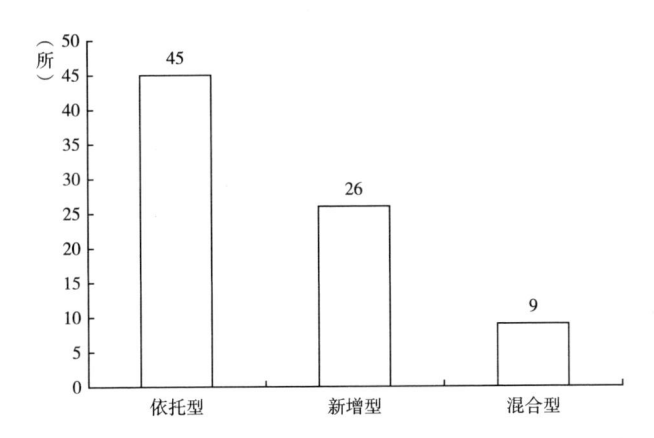

图4-2 以不同方式落实劳动教育学时要求的高校数量

第一种是依托型，即"在已有课程中专设劳动教育模块"，共45所高校，其中17所高校将劳动教育任务分散到了马克思主义基本原理、思想道德修养与法律基础、就业指导、创新创业教育等课程之下，要求在这些原有课程模块增设一定课时的劳动教育专题；23所学校依托"公益劳动"、"生产实践"或"社会服务"模块集中落实劳动教育任务；5所高校要求各二级学院自行明确本专业人才培养方案中劳动教育主要依托的必修课程。比如，上海财经大学依托《政治经济学》《经济中国》课程，厦门大学嘉庚学院依托《思想道德与法治》《生涯规划：探索与管理》《创新与创业基础》开展劳动教育，安徽大学以大学生就业指导、职业生涯规划和创新创业课程、校内外专业实践教育基地为依托。

第二种是新增型，即"专门开设劳动教育必修课"，有26所高校明确在现有人才培养方案中增设劳动教育专门课程。其中24所高校独立开设一门必修课，2所高校开设多门公共限选课，要求学生修够学时和学分。此类课程包括《劳动教育通论》《大学生劳动教育》《劳动概论》《大学生劳动素养》《劳动技能课程》《劳动教育通识》《劳动教育与实践》等，课程目标以普及马克思主义劳动观、劳动科学知识、职业发展与就业指导等，引导学生认识劳动实践的创造本质，树立正确的劳动意识。

第三种是混合型，即既有依托模块，也有新增课程。兰州大学、南昌大学、中国农业大学、南京林业大学、常熟理工学院、湖北科技学院等9所高校通过既新增劳动教育专题模块（一般为8~10学时），又将部分劳动教育任务依托到专业教育相关课程中，合计达到32学时的方式，落实劳动教育必修课开课要求。各校的依托模块与专业教育、创新教育相关，体现在野外实习实践、专业实习、生产实习、社会实践、工程实训等课程中，新增课程开设通识课程，多维度引导学生了解劳动文化、热爱耕读文明，在学习中厚植劳动情怀，强化劳模精神、劳动精神和工匠精神。

80所高校通过以上三种方式落实劳动教育学时要求，从理论与实践的相对数量来看，4所高校的学时以理论学习为主，41所高校以实践锻炼为主，17所高校以理论和实践相结合，18所高校没有明确理论学习与实践锻炼的数量或比例（见图4-3）。

在劳动教育单独必修课的开设方式方面，目前有视频课、视频课+实践课、视频课+线下课+实践课、视频课+线下课+实践课+劳模讲堂、线下课+实践课+劳模讲堂、线下课+实践课、线下课等形式。我们认为，最佳方式为"视频课+线下课+实践课+劳模讲堂"，在这一方式中，劳动教育课程既有理论知识，也有实践锻炼，既有线下互动，也有线上配套，既能在课本中了解劳模事迹，也能现场感受劳模风采，全面系统地深化相关认识，树立劳动价值观。在26所独立开设劳动教育必修课和9所混合模式开设劳动教育必修课的高校中，3

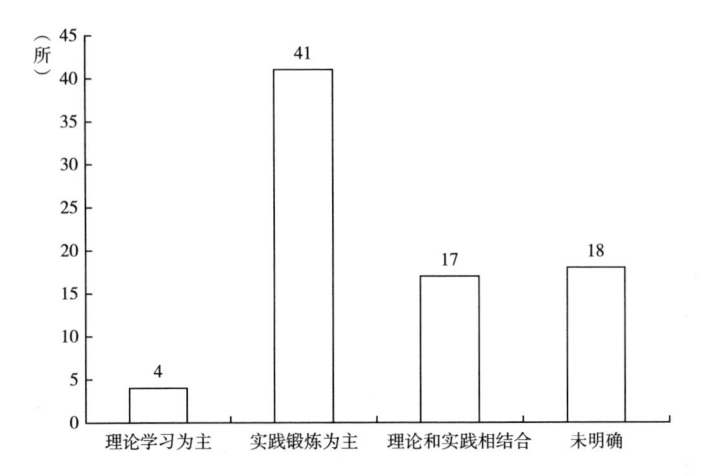

4 实施推进（1）：高校劳动教育方案百花齐放

图 4-3　以理论或实践方式落实劳动教育学时要求的高校数量

所高校的劳动教育课程以理论学习为主，辅之以必要的实践体验；12所高校以实践锻炼为主，基本没有理论学习要求；14所高校的劳动教育课程体现为理论与实践结合型，对理论学习和劳动实践学时都有明确要求，且二者比例大致相当；6所高校没明确理论与实践学时的数量或比例（见图4-4）。

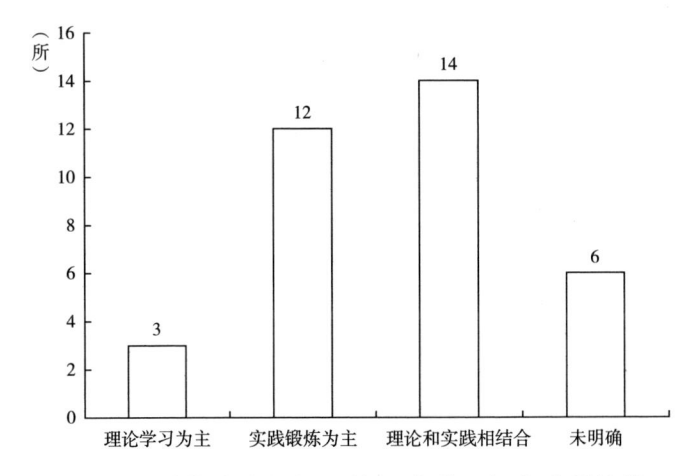

图 4-4　劳动教育专门课程的理论学习与实践锻炼情况

4.2.1.2 建设劳动教育课程群

劳动教育课程群是指与劳动、职业和就业相关的各类课程,这些课程大多采用选修课的形式,涉及通用劳动科学知识、职业生涯规划和职业与就业技能等,具体包括劳动科学概论、劳动法、劳动合同法、劳动伦理、劳动关系学、劳动法律、劳动社会保障、劳动安全、职业卫生等,也包括职业生涯规划、职业发展指导、就业技能提升等(见表4-2)。

表4-2 劳动教育课程群的类别

课程类别	课程内容
通用劳动科学知识	劳动科学概论、劳动法、劳动合同法、劳动伦理、劳动关系学、劳动法律、劳动社会保障、劳动安全、职业卫生
职业生涯规划	职业生涯规划、职业发展指导、教育与人生
职业与就业技能	服务心理学、劳动心理学、现代加工技术实践、制造工程体验、咖啡与茶艺

80所高校中,56所高校明确建立劳动教育课程群,课程内容与劳动相关。比如,中国劳动关系学院建立了劳动教育"1+N"课程群,1即1门劳动教育必修课,N即多门劳动教育选修课,选修课包括《劳动文化》《劳动与人生》《古今中外劳动教育》《初次就业不迷茫》等。池州学院构建以专设劳动课为核心,以专业课程、公共课程和第二课堂为同心圆的一核三环劳动教育课程体系,形成"显性课程+隐性课程"的劳动教育融合课程群。[①] 辽东学院开设专门的劳育类通识课程供学生选修,如劳动科学概论、劳动概论、劳动法律、劳动关系、劳动经济、劳动社会保障、劳动安全、职业卫生等各门劳动

---

① 卢晓东、曲霞:《大学劳动教育课程框架、特征与实施关键:基于劳动要素的理论视野》,《中国大学教学》2020年第2期。

科学基础课程。

4.2.2 在学科专业中有机渗透劳动教育

《意见》指出，各个学段"除劳动教育必修课程外，其他课程结合学科、专业特点，有机融入劳动教育内容"。根据《意见》精神，专业劳育是在人才培养的全过程中融入劳动教育，相关的劳动教育内容和方式体现专业特点，与专业紧密结合。专业劳育既体现在专业课程中，也体现在专业实训或实践活动中。[①] 在学科专业中有机渗透劳动教育，类似于在其他课程中融入思政教育，这既是专业育人的要求，也是劳动教育的要求。在其他课程中融入劳动教育类似于在其他课程中融入思政教育，这是专业育人的一部分，也是劳动教育的一部分。

在80所样本高校中，69所高校提出要在专业课程设计中加强劳动教育元素的挖掘和融入，根据各校专业课程具有的劳动属性和劳动指向，帮助学生养成良好的劳动品质，强化本专业劳动伦理教育和本专业未来劳动发展趋势教育。65所高校将劳动教育纳入专业人才培养方案，71所高校提出与专业类课程和服务学习、实习实训、科学实验、社会实践、毕业设计等相结合，开展各类劳动实践。各高校根据专业特点和人才培养需求编写劳动实践指导手册，明确各专业劳动教育依托课程以及实践环节的教学目标、活动设计、工具使用、考核评价、安全保护等内容要求。

在80所样本高校中，很多高校认识到劳动教育纳入人才培养方案、融入学科专业是个贯穿人才培养全过程的"长跑"过程。有40所高校在实施方案里明确了劳动教育的开展时长。其中，15所高校

[①] 蔡文浩、、董彦峰、石志恒：《财经类高校构建新时代劳动教育体系的实践探索——以兰州财经大学为例》，《中国大学教学》2021年第12期。

在实施方案里提出了在8个学期里均开展劳动教育的要求，并考虑到不同年级开展劳动教育的进阶性，体现出将劳动教育贯穿育人全过程的努力。5所高校明确劳动教育贯穿大学7个学期，8所高校将劳动教育贯穿大一至大三6个学期，8所高校是大一至大二4个学期（见图4-5）。

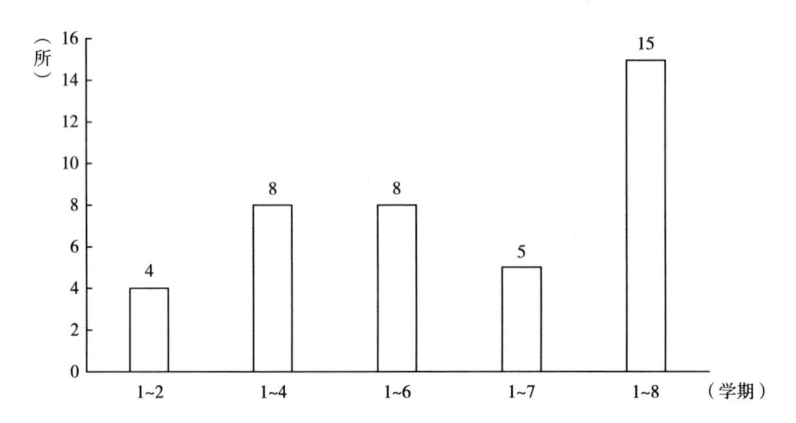

图4-5　40所高校开展劳动教育的学期分布情况

在这种全过程育人的考评上，有的高校做出了每学期必修学时数的规定，规定最少的高校是每学期不少于3学时，规定最高的高校是重庆邮电大学，要求在1~6学期内每学期不少于12学时，累计学时数达到了72。有的高校虽不规定每学期的必修学时数，但列出了学生每学期可以申报并认定学分的劳动教育项目，最后累计学时、认定学分。

此外，在80所样本高校中，55所高校（占比69%）提出了在思想政治教育课程中融入劳动教育的总要求。强调要充分发挥思想政治理论课的主渠道、主阵地作用，在相关课程中开展马克思主义劳动观、习近平总书记关于劳动教育的系列重要论述等内容的学习，将本校师生在劳动中成长成才的鲜活案例融入课堂教学内容，引导学生形成马克思主义劳动观。这些高校提出,要创新思想政治理论课实践教学环节,以主题讨论、影视教育、现场观摩、社会调研、故事启发等形式弘扬辛勤劳动、诚实劳动和创造性劳动理念的中国共产党革命精神。

劳动教育既是一种专门的教育,有专门的内容,需要专门的课程、专门的实践,也是一种春风化雨式的教育,需要在育人过程中的多个育人环节、多类实践活动中予以体现,潜移默化地树立观念,养成习惯,提升技能,这两者不是替代关系,而是互补关系。只有前者没有后者,或只有后者没有前者,劳动教育均是不足的。并且,若只有后者没有前者,劳动教育可能被泛化、被虚化、被随意化,与《意见》和《纲要》的精神相去甚远,更遑论实现综合育人功能。

因此,我们既要关注4所将劳动教育时长覆盖在大一2个学期的高校,也要关注15所将劳动教育贯穿大一至大四8个学期的高校,这代表着两种实施类型(见表4-3)。对于前者,大一之后可能也会开展相关的实践活动,只是没有计入劳动教育时长。对于后者,将劳动教育时长分布在育人全过程,可以体现全过程育人的特点,不过对具体活动的设计要求较高。我们发现,15所将劳动教育贯穿8个学期的高校主要以每学期或每学年定量完成固定学时或学分的方式开展劳动教育。这15所高校将劳动教育安排8个学期,是将劳动教育贯穿育人全过程的一种尝试,一些高校考虑到不同年级劳动教育的进阶性,也具有一定的创新性。

表4-3　15所高校在1~8学期开展劳动教育的情况

序号	高校名称	开展劳动教育的1~8学期情况
1	安徽财经大学	各劳动实践项目组每学期开设不低于6次且不高于12次的劳动实践活动,通过劳动俱乐部管理信息平台发起的劳动活动(每次劳动活动计0.04学分,每次劳动时长不少于120分钟),大四集中开展一次学分认定

续表

序号	高校名称	开展劳动教育的1~8学期情况
2	安徽工业大学	实行集中劳动实践和分散劳动实践相结合,1~8学期每学期完成4学时,其中集中劳动实践不少于2次,每次至少1小时,计1学时
3	池州学院	分阶递进。①大一年级侧重于劳动观和日常生活劳动教育,着力培养学生的马克思主义劳动观,培育劳动情感和劳动习惯。②大二和大三年级侧重于生产劳动教育和服务性劳动教育,着力培养学生的生产劳动能力和劳动精神,突出专业劳动与创新创业教育、社会服务相结合,着力培养学生的社会服务能力和社会责任感。③毕业年级侧重于综合劳动实践和职业劳动教育,突出劳动创新能力培养,着力培养学生的职业劳动能力和劳动创新能力。在第二或第三学期开设劳动教育必修课《大学生劳动素养》
4	福建师范大学协和学院	1~8学期,1学分,不少于36课时,理论教学0.5学分(线上),劳动实践0.5学分;理论教学:学时不少于12学时。开设时段:一至三年级。劳动实践总学时不少于24学时,原则上每学期需完成相应的学时数。开设时段:一至四年级
5	贵州师范学院	劳动观念教育、劳动生活教育、劳动服务教育实施的时间段:1~6学期;专业劳动教育实施的时间段:1~8学期。共计32学时=2个学分
6	湖北大学	学生在校期间每学年参与劳动教育活动12学时,累计48学时,统一在第8学期认定为2个劳动教育实践学分
7	上海财经大学	1~8学期完成不少于32学时(2学分)的劳动实践教育内容
8	苏州大学文正学院	课程全学程开设。一年级劳动基本理论学习和劳动实践相结合,二、三、四年级劳动教育融入专业实习和专业实训
9	武昌工学院	每名学生每学年需获得0.5学分的劳动素质学分
10	武汉科技大学	教学活动按8个学期分散进行,1学分,理论2学时,实践教学不少于30学时
11	武汉轻工大学	2学分32学时,理论课程在第一学年,每学期6学时;实践训练通过劳动周集中实践与分散实践相结合

4 实施推进（1）：高校劳动教育方案百花齐放

续表

序号	高校名称	开展劳动教育的1~8学期情况
12	西安电子科技大学	1~8学期，理论1学分、实践1学分，线上线下授课
13	厦门大学嘉庚学院	8理论学时+24实践学时，依托课程，每生每学年劳动实践学时不少于6学时。学校于每年设立劳动月，相对集中地开展全校性劳动教育实践活动
14	中国劳动关系学院	紧扣劳动情怀深厚的核心目标，通过劳动教育必修课程和思政劳育、专业劳育、实践劳育、学术劳育等融合课程，结合各年级学习任务和重点，分年级设定劳动教育阶段目标 大一年级：结合劳动教育必修课程和公共课程学习，系统加强马克思主义劳动观和新时代劳动精神教育，着力培养学生崇尚劳动的观念和热爱劳动的情感，培养学生自觉向优秀劳动榜样学习的意识、热爱劳动和劳动人民的情感，养成良好的日常生活劳动习惯与勤俭节约的意识 大二和大三年级：突出劳动教育与专业教育、职业生涯规划教育、创新创业教育、志愿服务、社会实践的结合，深化崇尚劳动的观念培养，强化专业劳动技能的掌握，着力培养学生尊重劳动的态度和公共服务精神 大四年级：加强毕业实习和就业指导，强化综合劳动实践，引导学生全身心投入实习，感悟本专业劳动的意义和价值，遵守专业劳动规范，培育爱岗敬业的劳动态度和劳动创造的意识与能力，养成安全规范、坚持不懈、注重效率的良好劳动习惯和吃苦耐劳、诚实守信、担当奉献的良好品质 研究生阶段：提升专业领域劳动理论素养，增强学生以马克思主义劳动观理解、认识各专业理论与方法的能力；强化专业领域的调查实践研究和劳动能力培养，提升研究生调查实践、问题分析、归纳总结和理论创新的能力；强化专业岗位劳动实践的广度与深度，提升学生运用理论解决问题的综合能力及专业理论转化应用能力
15	中央财经大学	每位团员每学期至少参加一次深度劳动实践

注：各学校按校名拼音排序。

4.2.3 在课外校外活动中安排劳动实践

《纲要》指出，劳动教育主要包括日常生活劳动、生产劳动和服务性劳动中的知识、技能与价值观。因此，各学校开展劳动实践也要围绕这三类劳动。《纲要》要求，要丰富劳动体验，提高劳动能力，明确生活中的劳动事项和时间，纳入学生日常管理，"大中小学每学年设立劳动周，采用专题讲座、主题演讲、劳动技能竞赛、劳动成果展示、劳动项目实践等形式进行"，"高等学校也可安排劳动月，集中落实各学年劳动周要求"。根据《纲要》精神，劳动教育的实践形式可以丰富多样，既有日常生活中的劳动实践，也有劳动周或劳动月的集中实践。

4.2.3.1 劳动实践类型

综观80所样本高校的实施方案，所有高校均开展日常生活劳动，76所高校开展生产劳动实践，76所高校开展服务型劳动（见图4-6）。80所高校中，72所高校开展三类实践劳育，7所高校开展两类实践劳育，1所高校仅开展一类实践劳育。部分高校充分结合高校专业优势和服务社会功能，将田地、草地、植物园、工厂等作为生产性劳动基地，将一些城乡社区、福利院、博物馆、图书馆、红色革命区等事业单位、社会机构、公共场所作为服务性劳动基地，依托户外科学研究基地、校外实习实训基地开展专业劳动实践。

4.2.3.2 劳动清单制度

一些高校以劳动清单的形式开展劳动教育，并作为劳动实践锻炼学时纳入劳动教育总学时。7所高校列出了明确的劳动清单，49所高校没有明确具体的劳动清单，仅界定劳动清单的范围，包括校园实践、志愿服务和专业实践等，其他24所高校没有明确劳动清单事宜。中国劳动关系学院的劳动清单涵盖劳动创造美好生活、劳动成就幸福

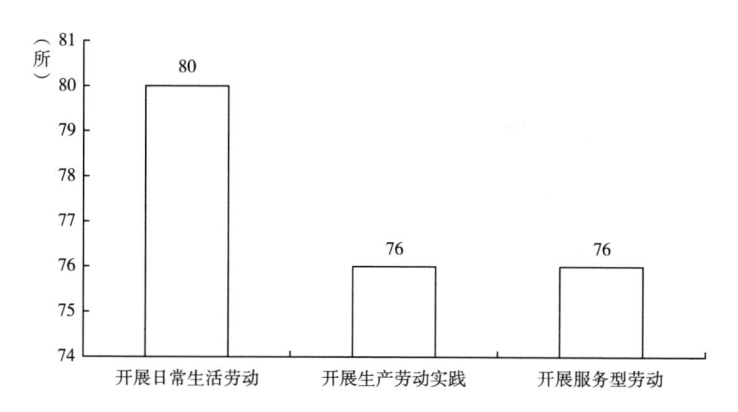

图 4-6 开展不同劳动形式的高校数量

人生、劳动构建和谐社会三大主题九类项目,鼓励学生根据自身特长和兴趣爱好,自主选择劳动实践内容,形成既符合统一要求又有自己个性特色的劳动实践清单,通过专注、快乐的劳动,体认劳动对个人成长和社会发展的重要价值,形成热爱劳动、劳动平等、尊重普通劳动者的思想,培养勤俭、奋斗、创新、奉献的劳动精神,提升劳动素养,养成良好劳动习惯;池州学院建立了学校—学院—班级(专业)劳动清单制度,明确学生参加劳动的具体内容和考核要求;西北工业大学设立了新时代大学生劳动教育项目清单,各学院结合学科和专业特色,一院一策,以公共实验、实践实训、创新项目、创新竞赛等形式,突出学以致用;吉林大学将寝室卫生、扫雪等纳入劳动清单;西安电子科技大学、中国地质大学(北京)等高校也在探索建立劳动清单制度。

4.2.3.3 劳动周或劳动月

36 所高校设置劳动周,其中 5 所高校明确了劳动周的具体时间,安徽师范大学将每月第一周的星期天设置为爱国卫生日,北京体育大学每月设固定时间作为劳动日;7 所高校明确在每学年设置劳动周;

2所高校明确每学期设置劳动周；22所高校虽在实施方案中提出设置劳动周，却未明确具体时间；其他学校的实施方案中没有体现劳动周的部署安排。

16所高校设置劳动月。8所高校明确了劳动月的具体时间，其中5所将5月明确为劳动月，北方民族大学及安徽师范大学在每学年中明确了两个月为劳动月；8所高校在每学年或学期设置了劳动月，但未明确具体月份；另外64所高校在实施方案里未体现设置劳动月的相关信息（见表4-4）。

表4-4　80所样本高校劳动周或劳动月的设置情况

单位：所

劳动周	高校数量	劳动月	高校数量
劳动周有具体时间	5	劳动月有具体时间	8
每学期设置劳动周	2	每学期或每学年设置劳动月，但未明确具体月份	8
每学年设置劳动周	7		
提出劳动周无明确时间	22		
没有劳动周的部署	44	没有劳动月的部署	64
合　计	80	合　计	80

就劳动周和劳动月的开展活动情况来看，学生的劳动范围包括整理寝室内务、清洁校园卫生、校内植树绿化、打扫教学实验场所、维护公共设施、管理维护教学实验设备、校内防台风及台风后救灾等。

4.2.4　在校园文化建设中强化劳动文化

校园文化是学校氛围的重要一环，不仅具有规范、引导的作用，也在不同程度上对学生产生潜移默化的浸润。在校园文化中融入劳动观念、劳动情怀，既是贯彻劳动教育"三全育人"的重要路径，也有利于提升学生的劳动素养，使学生树立正确的劳动观念。在80所样本高校中，63所高校以校园环境清洁、歌颂普通劳动者主题劳动教育活动、校园文明创建、劳模榜样进校园、先进事迹宣讲等形式开展了校园文化劳育；17所高校未在实施方案里体现文化劳育的情况，表明这些学校在校园文化建设方面关于劳动价值观的引导还不够。

4.2.5 加强劳动教育的学术研究

学术劳育旨在通过加强劳动教育学术研究，以严谨的研究深化认识，形成共识，指导劳动教育的各方面工作。具体而言，就是要研究劳动教育的育人功能，探索劳动教育的实施方式，比较不同方式的优缺点，评估劳动教育的实施效果。[①] 学术劳育的主体一般是劳动教育授课教师和从事劳动教育工作的相关人员。为加强学术研究，学校需搭建一定的平台，给予一定的资助。目前，80所样本高校中，仅有26所（占比33%）高校以专题学习研讨，建立劳动教育研究体系，设立科研组、教研室以及在教改项目申报中设置劳动教育相关选题等形式开展学术劳育，其中有11所（占比14%）高校设置了教研室，其中2所成立了劳动教育研究中心，5所挂靠在教务处，2所挂靠在马克思主义学院，1所挂靠管理学院；海口经济学院设置了公共劳动教育与专业劳动教育教研室，挂靠在学生工作处和教务处，分别负责公共劳动教育和专业劳动教育，公共劳动教育重点是劳动价值观的培育，专业劳动教育主要是结合专业特点制定教学大纲，形成具有综合性、实践性、开放性、针对性的劳动教育课程体系。其他54所高校未在实施方案中明确相关内容。

总体而言，从劳动教育课程建设情况看，有35所高校落实了独

---

① 刘向兵、赵明霏：《构建新时代高校劳动教育体系的理论逻辑与实践路径——基于知识整体理论的视角》，《中国高教研究》2020年第8期。

立开设劳动教育必修课，65所高校在学科专业中有机渗透劳动教育，80所高校均在课外校外活动中安排劳动实践，63所高校在校园文化建设中强化劳动文化，55所高校在思政教育中融入劳动教育元素，26所高校加强劳动教育的学术研究（见表4-5）。各学校在实践劳育方面的行动最多，在专业劳育、文化劳育和思政劳育方面进行了大量探索，在课程劳育和学术劳育方面尚显薄弱。

表4-5 实施劳育类型的高校数量及占比情况

单位：所，%

序号	劳动教育的途径	类型	高校数量	占比
1	独立开设劳动教育必修课	课程劳育	35	44
2	在学科专业中有机渗透劳动教育	专业劳育	65	81
3	在思政教育中融入劳动教育元素	思政劳育	55	69
4	在课外校外活动中安排劳动实践	实践劳育	80	100
5	在校园文化建设中强化劳动文化	文化劳育	63	79
6	加强劳动教育的学术研究	学术劳育	26	33

4.3 高等院校劳动教育评价与保障体系

4.3.1 劳动教育评价与考核

评价考核是指挥棒，科学、公正的评价制度和机制可以提高师生参与劳动教育的积极性，使劳动教育落到实处，产生实效。在学生层面，各学校将劳动教育纳入综合素质评价体系，聚焦劳动考核实施细则的制定，搭建包含劳动过程、劳动成果、劳动技能、创新技能等量化的考核体系；同时，建立健全劳动教育评价的审核、公示制度，让劳动教育评价可监测、可追溯，保证评价的公平公正公开，充分调动学生的劳动积极性，培养学生的劳动兴趣。目前，78 所高校在实施方案里提及了劳动教育考核方式，2 所高校在实施方案里未体现劳动教育考核的相关内容。在 78 所高校中，33 所制定了相对具体的考核细则，其中 17 所高校的劳动教育考核方式以提交报告、实践记录进行；4 所高校考核细则由各二级学院自行制定；10 所高校采取过程性评价与结果性评价相结合的考核方式，2 所高校实行高低年级互评、学院之间互评等交叉评价考核，保证考核的客观性、科学性；另外 45 所高校仅仅只是方案提及而已，无实质性内容。

4.3.2 师资队伍建设

劳动教育落地实施需要一定数量的专兼职教师。《意见》和《纲要》指出，"要建立专兼职相结合的劳动教育教师队伍。根据学校劳动教育需要，明确劳动教育责任人，进行劳动教育规划、组织实施、评价等，配齐劳动教育必修课教师，保持教师队伍的相对稳定性"。党印、曲霞参照体育、美育的师生比，测算中国高校至少需要 3 万名劳动教育专任教师，专门从事学校层面劳动教育的整体设计、课程讲授、活动组织、基地运营、教师培训等任务。[①] 目前，国内各高校普遍没有劳动教育专任教师，在已经开展劳动教育的高校中，具体实施人员为教务处、团委、学生处和后勤处等部门的工作人员，马克思主义学院、专业院系的部分教师以及各学院的辅导员和班主任队伍。

在 80 所样本高校中，45 所高校由学校指定相关教师担任劳动教育教师，其中 30 所高校设立了主要以辅导员、班主任为主，以创新创业导师、相关行业专业人士为辅的专兼职相结合的劳动教育师资队

---

① 党印、曲霞：《劳动教育专任教师：职责、供求与培养路径》，《劳动教育评论》2021 年第 6 辑。

伍；23所高校是由二级学院自行设置劳动教育教师，即由各学院负责组织实施，指定教师，自行制定劳动教育成绩认定实施细则等；另外12所高校对劳动教育师资队伍的重视程度不够，未在实施方案里明确劳动教育的教师配置情况。

80所校本高校中，6所高校设立了劳模工作室、技能大师工作室，通过建立劳模工作室、技能大师工作室，联合社会力量，设置荣誉教师、实务导师岗位等，多渠道引入社会力量参与高校劳动教育，发挥榜样的示范和带头作用，为"双师型"队伍的建设提供坚实的保障。在师资培养方面，10所高校把劳动教育纳入教职工培训内容，开展全员培训，强化劳动意识、劳动观念，提升劳动教育的自觉性。引导更多教师主动投身劳动教育工作；实施多元化、多样性的教师激励政策对承担劳动教育课程的教师进行专项培训，提高其劳动育人意识和专业化水平。

在劳动教育教师评价考核方面，80所样本高校中，23所高校以活动组织情况、学生参与情况、计划执行情况、实际取得效果、教师自评、学生评教等多种形式对劳动教育教师进行多元多维的方式评价。安徽财经大学通过本科生劳动俱乐部的形式开展劳动教育，对劳动教育指导教师的准入退出机制都作出了详细的说明，比如弹性退出机制，每年度对各类俱乐部、指导教师和学生助教的考核结果进行公示。根据考核结果，指导教师连续2年考核不合格，予以解聘，3年内不予聘任，相关俱乐部在挂靠单位的指导下按照程序重新聘请指导教师。该校对劳动教育课教师在绩效考核、职称评审、评优评先、专业发展等方面的待遇给予保障。

4.3.3 经费保障

《纲要》指出，"要健全经费投入机制，各地要统筹中央补助资金和自有财力,多种形式筹措资金,加快建设校内劳动教育场所和校外劳动教育实践基地,加强学校劳动教育设施建设,建立学校劳动教育器材、耗材补充机制。学校可按照规定统筹安排公用经费等资金开展劳动教育,可采取政府购买服务方式,吸引社会力量提供劳动教育服务"。根据《纲要》要求,不仅地区层面要投入劳动教育经费,学校层面也要投入劳动教育经费,保障劳动教育各项工作顺利开展。

80所样本高校中,46所高校对劳动教育的经费保障给予了相关的说明,其中只有个别学校对经费数量和使用方式进行了明确说明。邯郸学院设置了专项经费,专项经费的80%根据学生人数按比例划拨到各二级学院,资助劳动课建设、支付任课教师和劳动实践指导教师劳务费、奖励优秀集体和先进个人;专项经费的20%由学校统一掌握,用于奖励劳动实践组织效果好、质量高的先进集体,奖励表现突出的优秀个人。北方民族大学为表彰优秀劳动实践者,专门设立劳动风尚奖助学金。南京林业大学每年安排专项经费,作为学院专门负责劳动教育工作的大一、大二年级辅导员的工作津贴,每人每年1000元,且鼓励各教学单位设立专项经费,保障和激励劳动教育工作推进有力。四川华新现代职业学院则是在指导教师工作完成之后,经基础(素质)教育部审核,按每个学生5元计发课酬,在学期末进行结算。与此同时,有51所高校明确了劳动教育安全保障要求,11所高校鼓励购买劳动教育相关保险,在场所设施选择、材料选用、工具设备和防护用品使用、活动流程等方面制定科学合理的劳动安全操作规范,进行系统的安全演练,强化对劳动过程每个岗位的管理,明确各方责任,制定劳动实践风险防控预案,完善应急与事故处理机制,建立健全安全教育与管理并重的劳动安全保障体系。

我们认为,各学校需进一步建立健全经费投入及激励机制,保障校内劳动教育场所和校外劳动教育实践基地建设,补充劳动教育器材和耗材，购买社会上提供的劳动教育服务，确保各项劳动教育工作实施推进。

4.4 高等院校劳动教育特色实践

4.4.1 不同类型高校推进劳动教育的特色举措

新时代的劳动形态与以往大不一样，生产力的快速发展改变了劳动教育的方式，也细化了劳动教育的形式，随着学校的专业化程度越来越高，相对应的劳动教育形式也在不断地更新。此次研究的80所高校中，有10种类型的学校，包含财经政法、理工、民族、农林、师范、体育、医药、艺术、语言以及综合性大学，具体分布如图4-7所示。

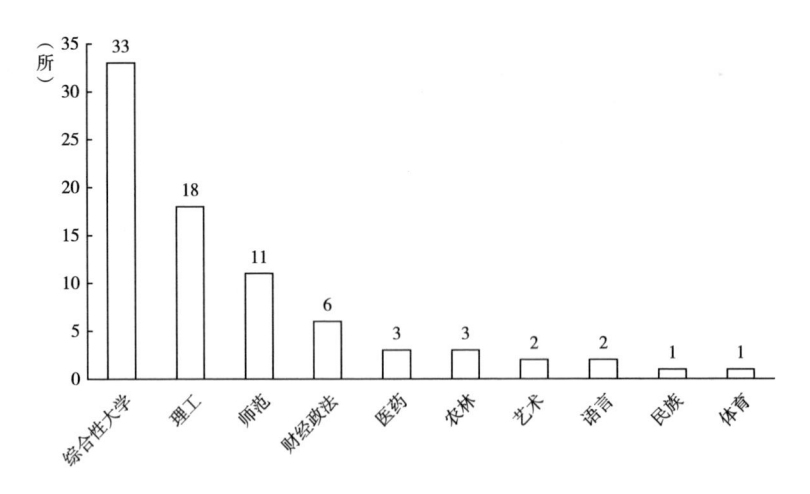

图 4-7 不同专业类型的高校数量

各高校的劳动教育实施方案结合本校学科专业特点，推出了一些独具特色的劳动教育实践举措。

中国农业大学开设"中华农耕文明""农业文化""农学概论""中国三农问题"等耕读教育课程以及"大国三农"系列课程,从经济、治理、文化、生态、生活等维度全方位解读农耕文明、弘扬传统美德,引导学生了解耕读文化、热爱耕读文明,并在学习中厚植惜粮爱粮情怀,践行强农兴农使命。设立彰显耕读特色的劳动周,开展"亲近自然""农活初体验""动物零距离"等特色活动,鼓励学生在实践中感受耕读文化,涵养学生勤俭、奋斗、创新和奉献的劳动精神,增强学生在"希望的田野"干事创业的能力。

北京体育大学积极组织学生参与对运动员、教练员和裁判员的服务保障工作,充分挖掘、整合劳动教育资源,提炼、融合体育元素,彰显体育人、体育领域和北体校园文化特色,推动形成具有学校特色的劳动教育理念和劳动教育实施模式,开创体育院校劳育新风尚。

西南大学充分依托教育学和农学专业优势,以"三尺讲台""田间地头"等学校特色为重点,探索实施"一院(部)一镇(街)一品"劳动教育行动,推动各学院(部)与校园周边镇(街)共建劳动教育实践基地,打造劳动教育品牌。结合"青年红色筑梦之旅""三下乡""返家乡"等社会实践活动深入开展服务性劳动,鼓励学生将人生理想与革命老区、民族地区、边疆地区、贫困地区等经济社会需求发展相结合,进一步强化学生的公共服务意识和爱国爱民情怀,使学生具有面对重大疫情、灾害等主动作为的奉献精神。

华北理工大学根据学科专业特点,对工科各专业原有的生产实习实践环节课程进行调研改革,让生产实习不仅仅停留在"走马观花"的参观阶段,还要寻找合适的企业或者校企融合新途径,让学生通过顶岗实习、带薪实习等方式真正动手参与企业的各种专业劳动。

福建师范大学协和学院将劳动教育融入社会调查、科技扶助、支教扫盲、文化宣传、环境保护等各类社会实践活动,拓展劳动实践育人空间。组织学生自主选择并主动参与植树节、学雷锋纪念日、五一劳动节、志愿者日等主题公益劳动，依托社区、街道、敬老院、福利院等公共服务资源，建立志愿者服务基地，组织学生参加志愿服务，培育学生主动担当社会责任、投身公益志愿服务的意识与能力。

以上海财经大学为代表的财经类高校重视新财经背景下的新知识、新技术、新方法应用，引导学生创造性地解决实际问题，深度挖掘千村调查的劳动实践课内涵，充分利用学校"千村调查"项目优势，选择部分定点调查县设立"田间课堂"。

西南医科大学等医学类院校积极引导学生参加卫生防疫、群众安置、设施抢修和心理安抚等志愿服务，将"三下乡""健康大讲堂""健康微讲座"和义诊等活动作为医学生参与社会实践的大课堂。

浙江传媒学院要求全日制普通本科学生在校期间结合专业理论学习、实践技能训练，根据自己的特长和爱好，利用课外时间独立或在教师指导下参与学科竞赛、学术讲座、科研训练项目、文学艺术创作、科学技术开发、创业训练及各类社会实践，取得具有一定意义的智力劳动成果或其他形式的优秀成果后，经学校审批后给予确定的学分。

北方民族大学通过新生入学教育、毕业教育、大学生创新创业成果展示、青年创业大课堂、创业项目路演、创业沙龙、创业园区和开办创新创业系列讲座等方式，引导大学生深入理解劳动的内涵，弘扬吃苦耐劳的"骆驼精神"。

4.4.2 信息技术助力劳动教育的特色做法

新时代加强劳动教育，亦需顺应信息化时代的趋势，贴近当代大学生的生活习惯，以新型方式开展工作，提升教育质量和育人效果。在80所高校的具体实践中，我们发现一些有代表性的信息化劳动教育方式。北方民族大学建立完善的劳动教育供需平台，与智慧校园链接；吉林大学利用大数据、云平台等现代信息技术手段，监测劳动教育过程；中国劳动关系学院录制《劳动教育通论》及《大国工匠面对面》等课程，开发学校专属动漫形象，推广制作贴近大学生特点的网络文化产品；上海财经大学推出实践课程"云超市"，供学生自主选择，线上下单、线下实践；西南医科大学建设课程资源，形成"纲要+指南+教材+手册+教程"的课程资源，探索建设数字化劳动教育课程资源库；永州职业技术学院医学院教师通过智慧职教云课堂教学平台搭建自己的个性化课程，并利用这种结构化课程、微课、微视频、虚拟仿真、3D动画等，引导学生自主学习。

4.5 总结与评析

综观80份实施方案，样本高校的劳动教育有五个特点。第一，各学校在劳动教育课程方面存在明显差异，不仅体现在课程的学时数量上，还体现在课程本身的理论与实践比例上；在以课程带动实践或是将实践计为学时方面，各学校各有探索。第二，不少学校探索将劳动教育与专业教育相融合，探索将劳动教育分散在多个学期，落实全过程育人要求，并考虑到不同年级劳动教育的进阶性，具有一定的创新性。第三，所有学校均关注劳动教育实践活动，不少学校的实践活动丰富多彩，具有一定的学校特色。第四，大部分高校在校园文化建设中增加劳动教育内容，劳动文化在校园文化中有所凸显。第五，一半以上的高校初步建立了专兼职相结合的劳动教育师资队伍，并在经费方面提供必要的保障，1/3的高校重视劳动教育学术研究，探索健全课程和实践体系。

80份高校劳动教育实施方案是样本学校开展劳动教育的初步探

索，为高校进一步开展劳动教育提供了四个方面的启示。

一是要统筹设计劳动教育课程与实践体系。《意见》和《纲要》对高等院校劳动教育学时、开设必修课、其他课程有机融入劳动教育、开展专题教育和实践活动等方面提出了要求。在具体实施形式上，对于学时分布、课程开设方式、其他课程融入方式、专题教育的频率和时长、劳动教育实践活动的形式等，《意见》和《纲要》没有明确要求，给各院校预留了灵活性和探索空间。若按最低标准，学校只需开一门线上必修课，要求学生修够16或32学时，不过这种做法与加强劳动教育的初衷相距较远。更好的做法是采取线上线下相结合授课或全部线下授课的方式，在课程中有理论讲授也有实践锻炼，在课程外也有实践锻炼。当然，劳动教育课程和活动集中在一个学期上，还是分散在多个学期，是依托于一门课，还是依托于多门课，存在一些技术上的操作问题，若分散在多个学期、多门课程，存在多次考核、多次认定学时和学分的问题，实际操作起来较为复杂。如何处理劳动教育专门依托课程、劳动教育课内实践和育人过程中其他实训实践活动的关系，某项活动能否计为劳动教育学时，如何设计学时分布，这些是各高校需要进一步统筹优化的方面。

二是要优化劳动教育与专业教育的融合方式，贯穿人才培养全过程。高校劳动教育和中小学的区别不仅是层次上的差别，更是类型上的差别。中小学是普通教育，大学是专业教育。作为普通教育，强调的是普遍的、共同的知识体系和价值观念的塑造，而专业教育则是要体现不同分工领域的不同知识体系和价值导向。因此，各学校需结合不同专业学生发展要求，研究《意见》中"劳动精神面貌、劳动价值取向、劳动技能水平"的要求具体到本专业领域的表现。从劳动教育的育人功能来说，劳动教育不是一次性完成的任务，需要持续进行，贯穿育人全过程，融入育人的各个环节，在校园文化和各类主题教育活动中有所体现。80所高校的劳动教育实施方案显示，不少高校将劳动教育贯通大学四年全过程，这种"长跑式"的设计符合劳动教育特点，也是全过程育人的体现。在此基础上，今后需进一步结合不同年级学生学习和发展需要，细化每个年级的劳动教育重点，在实践中不断优化。

三是要加强劳动教育师资队伍建设和学术研究。目前各高校普遍没有劳动教育专任教师，在已经开展劳动教育的高校中，具体实施人员为教务处、团委、学生处和后勤处等部门的工作人员，各学院的辅导员和班主任队伍，以及马克思主义学院、专业院系的部分教师。进一步开展劳动教育需明确开设通识课程的教师，组建一定数量的专兼职教师队伍，开展教师培训，设立劳动教育教改和科研课题，以全面深入地研究支撑指导各类实践活动。

四是要提供必要的经费保障。劳动教育的开展离不开课程建设、场地建设、师资队伍建设，以及开展劳动教育实践活动，以上各方面均需要一定的经费，各高校需充分认识到劳动教育工作的全面性和系统性，为开展相关工作提供必要的经费保障，推动建立劳动教育课程体系和实践场地，激励专兼职教师广泛探索和研究，组织开展多种劳动实践活动，打造高质量有特色的劳动教育实施体系。

5 实施推进（2）：中小学劳动课程建设在探索中前进

近年来，随着一系列国家政策的出台，劳动教育受到了社会各界的广泛关注，在学术界劳动教育也引发了热烈的讨论，形成了一系列学术成果。从理论层面而言，学者从各个维度对学校劳动教育所蕴含的价值进行了分析和探讨，侯红梅、顾建军从人的全面发展的角度对劳动教育的必要性进行分析，对劳动教育课程所蕴含的时代意蕴进行回应，并对劳动课程应如何构建进行了探讨，指出应从小学开始设置系统性、整体性、进阶性的劳动课程，并选择符合教育规律以及青少年成长的方法，把握劳动教育的教育性，体现出劳动教育的实效性。[①] 康翠萍、龚洪对劳动教育与"德、智、体、美"的关系进行探讨，指出在新时代背景下，应重塑中小学劳动教育课程的理念，树立"五育并举"教育观，在"五育并举"的框架下，建构中小学劳动教育课程。[②] 从实践层面来看，罗生全、张雪认为学校作为劳动教育的主要实施场域，对于劳动教育的实施还处在探索阶段，不知

[①] 侯红梅、顾建军：《我国小学劳动教育课程的时代意蕴与建构》，《课程·教材·教法》2020年第2期。

[②] 康翠萍、龚洪：《新时代中小学劳动教育课程的价值旨归》，《教育研究与实验》2019年第6期。

"如何做"与"做到何种程度"。① 无论是从理论层面还是从实践层面来看，新时代学校劳动教育都是一个被人广泛探讨但又研究得不够深入的课题。事实上，如果说劳动教育的相关理论是学校进行劳动教育的灵魂，那么劳动教育的课程体系建设便是学校劳动教育的骨骼，它对劳动教育的实施起着无可替代的支撑作用。基于此，研究劳动教育现状，对劳动教育课程体系的建构进行探索具有重要的现实意义。

5.1 调查方法与样本描述

为客观真实地了解中小学劳动教育现状，华东师范大学基础教育改革与发展研究所五育融合研究团队在全国范围内发放了近6.5万份问卷，调查地区包括上海市、江苏省、河北省、山东省、广东省、重庆市。

5.1.1 工具与内容

本研究使用了华东师范大学五育融合研究团队自主编制的《劳动教育现状调查》学生版、教师版和家长版三份问卷。三份调查均从调查对象的基本信息、劳动教育课程体系建设、对劳动教育的认知、对劳动教育的认可度和对劳动教育的期待五个方面了解学生、教师和家长的基本认识。

5.1.2 调查抽样与分析方法

本次研究使用问卷调查法，依据分层抽样的原则，选取上海市、

---

① 罗生全、张雪：《劳动教育课程的理念形态及系统构建》，《广州大学学报》（社会科学版）2022年第2期。

江苏省、河北省、山东省、广东省、重庆市的中小学校作为调查对象，向教师、学生及其家长在线发放调查问卷，调查对象可通过手机或电脑在线填写。

问卷回收后，利用SPSS 23.0软件与Excel统计分析软件对数据进行整理分析。

5.1.3 样本描述

调查对象为上海市、江苏省、河北省、山东省、广东省、重庆市的中小学教师、学生及其家长，截至2020年5月26日，共发放教师问卷3021份，回收3021份，无效问卷3份，有效问卷3018份；共发放学生问卷30592份，回收问卷30592份，其中无效问卷20份，有效问卷30572份；共发放家长问卷30807份，回收问卷30807份，有效问卷30807份。

受访教师、学生、家长的基本信息包括但不限于学历、所处学段、工作类型等（见表5-1）。可以看出，教师学历以本科居多，占比达81.6%，硕士和大专次之；在性别方面，女教师居多，占比72.4%。学生家长工作类型以企业单位为主，占比53.4%，事业单位次之，经商再次之。参与调查的学生涉及小学、初中和高中各个学段，占比分别为55.7%、30.2%和14.1%。

表5-1 受调查教师、学生及其家长基本信息（$N=64397$）

	学历	人数（人）	占比（%）	所教学段	人数（人）	占比（%）	性别	人数（人）	占比（%）
教师样本	硕士	317	10.5	小学	1257	41.7	男性	834	27.6
	本科	2462	81.6	初中	1341	44.4	女性	2184	72.4
	大专	239	7.9	高中	420	13.9			
	合计	3018	100		3018	100		3018	100

续表

	学段	人数（人）	占比（%）	性别	人数（人）	占比（%）
学生样本	小学	17027	55.7	男性	15489	50.7
	初中	9230	30.2	女性	15083	49.3
	高中	4315	14.1			
	合计	30572	100		30572	100

	工作类型	人数（人）	占比（%）
家长样本	经商	4424	14.4
	事业单位	5107	16.6
	外出务工	3111	10.1
	企业单位	16448	53.4
	务农	1347	4.4
	退休	370	1.2
	合计	30807	100

5.2 劳动教育课程体系现状的调查分析

5.2.1 劳动教育课程的开设需进一步推进

劳动教育课程是学校落实劳动教育的重要途径和载体，通过设立规范的、科学的、合理的劳动课程，能够使学生系统地接受劳动教育，形成正确的劳动价值观，培养其劳动精神和劳动意识。对劳动教育课程开设的调查显示，84.2%的学校设立基于学校特色的、规范的劳动教育课程，15.8%的学校没有开设相关的劳动教育课程，说明大多数学校重视劳动教育的实施，并对劳动教育课程的开展进行了一系列的规划和建设，但仍有相当一部分学校没有从思想上认识到劳动教育之于学生成长的重要意义，没有意识到劳动教育课程之于开展劳动教育的重要承载作用。

同时，问卷还调查了劳动教育课程开设后，学生在劳动精神和劳动观念的形成、良好生活习惯的养成、身体素质的提升、学业能力的提高等方面的变化，97%以上的教师、学生、家长对劳动教育均持积极肯定的态度，这为未来更顺利、更好地开展劳动教育课程提供了有力依据。

数据结果表明，97%以上的学生认为，在学校有必要开展专门的劳动教育、学校开设劳动教育课程对自己有用，劳动教育能够使自己养成吃苦耐劳的精神和良好的生活习惯，提高个人身体素质，对自己未来的职业发展很有用。这些赞同态度说明学生对于开展劳动教育的认可度较高（见表5-2）。

表5-2 学生对劳动教育的认可度统计

单位：%

调查内容	非常赞同	比较赞同	一般赞同	比较不赞同	非常不赞同
我认为学校有必要开展专门的劳动教育课程	65.8	23.7	8.4	0.9	1.2
我认为学校所开展的劳动教育课程很有用	65.2	23.5	9.1	1.0	1.2
劳动教育可以让我养成吃苦耐劳的精神	63.2	24.8	9.8	1.1	1.1
劳动教育可以让我养成良好的生活习惯	66.3	23.6	8.2	0.8	1.1
劳动教育可以提高我的身体素质	66.2	23.7	8.2	0.8	1.1
劳动教育对未来的职业发展很有用	64.6	24.3	9.1	0.9	1.1

98%以上的教师认为,学生需要劳动教育,学校有必要开展专门的劳动教育课程,劳动教育对学生未来的职业发展很有用,劳动教育可以让学生养成正确的劳动观念、劳动意识以及劳动精神,有助于培养学生的核心素养和学业能力;开展劳动教育后,学生的学习能力、解决现实问题能力、专注力、身心健康水平等方面均有明显提升,说明教师对于开展劳动教育的认可度较高(见表5-3)。

表5-3 教师对劳动教育的认可度统计

单位:%

调查内容	非常赞同	比较赞同	一般赞同	比较不赞同	非常不赞同
我认为学生需要进行劳动教育	84.4	13.4	1.5	0.3	0.4
学校有必要开展专门的劳动教育课程	79.9	16.8	2.3	0.6	0.4
劳动教育对学生未来的职业发展很有用	75.3	21.1	3.0	0.2	0.4
通过劳动教育可以让学生养成正确的劳动观念、劳动意识以及劳动精神	76.8	19.8	2.7	0.3	0.4
劳动教育有助于培养学生的核心素养和学业能力	75.1	20.8	3.4	0.3	0.4
开展劳动教育后学生学习能力有提高	69.9	23.3	5.6	0.7	0.5
开展劳动教育后学生解决现实问题的能力有提高	70.2	24.4	4.7	0.3	0.4
开展劳动教育后学生身心健康水平有提升	71.4	23.8	4.1	0.3	0.4
开展劳动教育后学生专注力有提升	68.4	24.7	6.0	0.5	0.4

5.2.2 劳动教育实践基地建设有待加强

劳动教育实践基地是劳动教育课程体系的重要组成部分,劳动教育实践基地能够让学生在具体的实践中感受劳动的快乐、劳动的意义以及劳动的价值，同时，也能使学生在实践中将劳动精神、劳动意识进一步深化、内化。陶行知先生提出的"教学做合一"的理论，便是强调了"实践"的重要性，劳动教育更是需要"实践"来进行承接。就劳动教育课程体系建设而言，劳动教育实践基地是进行做中学、做中育的重要场所。在劳动教育实践基地建设方面，调查显示，27.3%的学校没有建立劳动实践基地；72.7%的学校设立了劳动实践基地，其中，38.2%的属于学校自有基地，34.5%的属于校外合作基地（见图5-1）。可以看出，大部分学校对劳动教育实践基地建设进行了相关探索，劳动教育实践基地是进行劳动教育的重要场所，同时也是实施劳动教育的重要依托，进行劳动教育实践基地的探索和建设无疑能对劳动教育的顺利实施起到重要的保障作用。

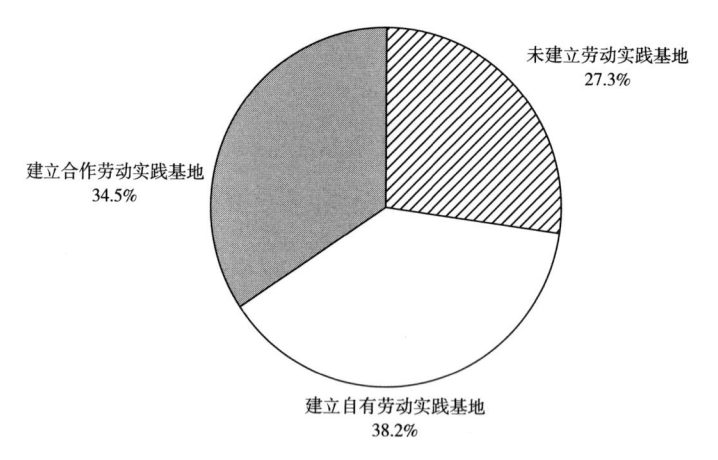

图 5-1　劳动实践基地建立情况

5.2.3　学生更期待多样化的劳动教育课程

目前我国对于劳动教育课程的开展形式还处于探索阶段，学生是教育的对象，也是学习的主体，更是劳动教育课程的直接参与者，学生对于劳动教育课程的开展形式的期待，可以为学校劳动课程的开设提供思路。在关于学生期待学校开展哪些类型的劳动教育课程的调查中，数据显示，学生对于学校应该开展何种形式的劳动教育的期待是比较多样的。学生期待最高的是社团活动类，占比68.0%，其次是手工制作类、清洁整理类和种植养殖类，占比分别为66.4%、51.1%、50.6%。相对而言，学生对营养烹饪类课程的喜欢程度较低，占比仅为38.5%（见表5-4）。在其他类型中，有学生提到希望开展公益活动类。可见，虽然义务教育劳动课程标准已正式发布，从2022年秋季学期开始，各中小学必须按要求开始劳动课程，但开展哪些课程能够调动学生的学习兴趣、激发学生的学习热情，值得进一步探讨和研究。

表5-4　您认为学校应该开展哪些劳动教育课程（多选）

单位：%

类型	占比
社团活动类	68.0
营养烹饪类	38.5
种植养殖类	50.6
清洁整理类	51.1
手工制作类	66.4
其他	2.8

注：多选题百分比计算方法，多选题选项百分比=该选项被选择次数÷有效答卷份数，其含义为选择该选项的人次在所有填写人数中所占的比例。因此，对于多选题百分比相加可能超过100%。

5.2.4　学生更期待实践性劳动教育课程

在关于期待学校以何种形式开展劳动教育课程的调查中，74.2%的学生希望学校以实践活动的形式开展劳动教育课程，69.3%的学生希望开展知识与实践相结合的劳动教育课程，期望通过老师讲解进行劳动教育的仅占33.8%（见表5-5）。劳动教育因其自身特殊性，不管是起点还是终点都需要实践来承载，但是在实践的过程中，相关劳动知识的学习也必不可少，二者相结合才能够让学生体会到劳动之美、劳动之乐，才能够让学生真正领悟到劳动的意义。因此，在劳动教育课程开展形式上，既要兼顾理论性、知识性，同时也要兼顾趣味性、创造性以及实用性。

表5-5　您希望学校开展哪种形式的劳动教育课程（多选）

单位：%

形式	占比
老师讲解	33.8
实践活动	74.2
知识与实践相结合	69.3
其他	0.6

在关于期待学校以哪些方式加强劳动教育的调查上，72.5%的学生更期待学校通过增加多样化的劳动教育实践活动形式来加强劳动教育，64.0%的学生期待学校加强劳动教育实践基地建设，58.0%的学生期待以开设劳动周、劳动月的方式加强劳动教育（见表5-6）。

表5-6　您认为学校应采取哪些方式来加强劳动教育（多选）

单位：%

方式	占比
加强劳动教育实践基地建设	64.0
增加多样化的劳动实践活动形式	72.5
开设劳动周、劳动月	58.0
其他	0.7

5.2.5 劳动教育评价体系仍需进一步完善

评价是检验劳动教育实施效果的重要途径，劳动教育课程评价作为劳动教育课程的重要环节，通过对课程效果的评价，可以及时而敏锐地发现劳动教育课程中的问题，以判断劳动教育课程中每一环节是否有效，客观而合理的评价体系能够促进学校不断改进劳动教育课程内容，及时调整劳动教育方式、方法，从而促进劳动教育课程体系的不断完善。在对劳动教育评价体系的调查中，79.3%的学校有专门的劳动教育课程评价体系，20.7%的学校没有进行劳动教育课程评价体系建设。在学校劳动教育评价体系是否合理的调查上，仅有39.3%的教师对当前学校的劳动教育评价体系非常认可，28.7%的教师认为当前学校的劳动教育评价体系比较合理，29.3%的教师认为当前学校的劳动教育评价体系不太合理，2.7%的教师认为当前学校的劳动教育评价体系非常不合理。这一数据表明劳动教育的评价体系还有待进一步改进和完善，不合理的评价体系将会对劳动教育的发展产生阻碍作用。

5.3 中小学劳动教育课程体系建构的若干思考

马克思对未来共产主义社会劳动状态的基本构想是"迫使个人奴隶般地服从分工的情形已经消失，脑力劳动和体力劳动的对立也随之消失，劳动已经不仅仅是谋生的手段，而是本身成为生活的第一需要"，这也成为中国共产党人构建社会主义劳动体制的理想目标之一。[①] 从这一目标出发，我们必须充分认识到，新时代的劳动不仅仅

---

① 刘向兵、曲霞：《党史百年历程中劳动教育的功能及其实现》，《教育研究》2021年第10期。

是用来谋生的手段，更是用来自我提升、自我完善的重要方式，以此为基本认识前提，构建崭新的中小学劳动教育课程体系。新时代劳动教育已成为国家教育体系中不可或缺的一部分，学校作为劳动教育实施的主战场，劳动教育课程体系建设对劳动教育的实施起着无可取代的作用。但我们的调查发现，仍有部分学校没有深刻认识到劳动教育课程体系建设的重要意蕴，由于经济、环境、升学压力等对劳动教育的实施十分敷衍，存在形式主义。有些学校并没有开设相关的劳动教育课程，部分学校没有进行劳动教育实践基地建设的探索，相关的劳动课程评价体系也不够完善。根据相关调查分析，未来中小学劳动教育课程体系可从以下四个方面进行探索。

5.3.1 确立从"结果"走向"过程"的劳动教育课程体系新重心

随着经济的快速发展、生活节奏的加快，人们越来越重视效率和结果。结果固然重要，但是过程同样值得重视。赫尔巴特曾经指出，任何事物，如果人们仅仅将其作为手段，或者仅仅将目光集中在结果上的话，那么其事物的本质将永远不会被认清和把握。学习过程本身才是价值所在，我们最终所达到的某种目标、最终获得的积极经验，往往都是通过消极经验而得到的。此处的消极经验就是指学习的过程、不断试错的过程。本纳也曾这样指出，孩子在学会走路之前，都经历过无数次的摔倒，任何人在掌握计算能力之前总会经历无数次的计算错误，我们总是在不断犯错当中达成自己的目标。换言之，达成某种目标的积极性总是包含着我们暂时无法达成目标的消极性。错误本身是消极的，但认识错误、纠正错误会使这种消极的经验转化为积极经验。

近年来，劳动教育日益得到国家、社会、学校的重视，各级学校也不断开始尝试以各种方式开展劳动教育。但由于经济因素、升学压力、学校环境等，部分学校仍将目光放在劳动教育为智育所带来的附加价值，轻视或忽视劳动教育本身所固有的价值，这就使得劳动教育的开展片面化、形式化、结果化，使教育失去了本应有的意义，在教学过程中劳动本身的价值被漠视或者未得到应有的体现。[①] 仅以"结果"作为劳动教育实施标准，必然会导致劳动教育的机械化、功利性，同时也将损害学生的学习热情，学生也难以体验到劳动的乐趣与意义。因此，在劳动教育课程体系的建设上，应从"结果"走向"过程"，摒弃以"结果导向"的思维模式，注重学生参与劳动教育的过程，注重过程中学生劳动精神的培养与塑造，使学生在过程中掌握劳动技能，在过程中"试错""纠错"，在过程中建立对劳动的科学、合理的认知，并将消极经验转化为积极经验，在过程中学会尊重劳动、享受劳动，进而可以创造性劳动。

5.3.2 大胆探索"实践+"融合性劳动教育课程新范式

本纳在阐述教育的目的时这样说道，当孩子学会说话时，人们便不再教他讲话，而是和他对话；当画徒学会绘画时，他便开始自我创作，因此，教育的最终目的应指向解放。这种解放意味着从依赖于他人、他人的经验、他人的观点中获得解放，达到自我独立。劳动教育也是如此，通过构建科学、合理的劳动教育课程体系，使学生在过程中不断去验证、去反思、去掌握、去摆脱对他人的依赖，获得成长。受教育者的可塑性和主动性是这种成长转向发生的基础，"实践"则是这种成长转向发生的桥梁。劳动教育的实施绝不应该是基于理论的纸上谈兵，实践作为劳动教育的逻辑起点和归宿，同样是劳动教育课程体系建设的重要一环。通过开展"实践+"

---

① 姜艳华：《试论过程性评价与结果性评价的同一》，《当代教育论坛》(学科教育研究) 2007 年第 4 期。

模式，将劳动教育与其他学科课程进行关联。比如，建立学生乐团、编辑报纸、饲养动物、种植植物等，使每个学生都能迅速找到自己喜欢的实践课程，使学生在具体的实践中感受劳动的快乐和乐趣，引导学生在具体的实践中将理论的世界与客观物质世界进行融通，在实践中培养学生的劳动精神和劳动技能，使人充分运用理性、感性以确证"事"的规律，并将这种规律与生活的意义进行关联，使学生在具体的劳动实践中，逐步由他人指导下的"体验式"劳动实践走向"自主式"的劳动实践，并获得自我独立、自我负责的能力。

通过具体的实践来建立认知并逐步摆脱对他人指导的依赖性，逐渐走向自主性与独立性。这个过程不表现为外在强加，也非依赖于外在的不断灌输，而是基于个体自身的可能而展开的。[1] 美国当代政治学家、国家科学院院士罗伯特·帕特南曾就实践课程对学生成长的影响进行过一系列的跟踪调研：在控制家庭背景、认知能力以及其他种种变量后，帕特南发现，参与实践课程的学生表现出更高的平均成绩、更加自尊自爱、更低的青少年犯罪率、更低的辍学率和旷课率、更坚韧的心理素质以及更远大的求学目标。帕特南在调研中对此这样陈述："参与实践活动最大的益处是软实力和人格的养成，长期参与课外活动的孩子在步入社会后能够取得更高的职业成就和工资收入。"[2] 毫无疑问，美国的实践课程的开展对我国劳动教育的实施具有一定的借鉴意义。此外，应积极推进劳动教育活动实践基地建设，实践基地能够有效地拓宽劳动教育实施的方式方法，科学的、具有特色的劳动教育实践基地是劳动教育课程体系的

---

[1] 杨国荣：《成己与成物——意义世界的生成》，北京师范大学出版社，2018，第288页。

[2] 〔美〕罗伯特·帕特南：《我们的孩子》，田雷、宋昕译，中国政法大学出版社，2017，第198、156页。

有力支撑。

5.3.3 科学建构多元化劳动教育课程评价体系

加德纳多元智力理论认为，人的智力是多元的，智力不是一种能力而是一组能力，智力不是以整合的方式存在而是以相互独立的方式存在的，每个人的才智和能力也体现在不同的方面。不管是课程的实施还是评价，其出发点和归宿都是促进学生充分发展个人的能力，这样才能够真正做到物尽其用、人尽其才。劳动教育课程作为一门综合育人课程，其实施具有多样性、实践性、广泛性的特点，对人的教育与培养又具有复杂性、延后性。因此，劳动教育课程评价必然不能以单一的教师评价、结果性评价或者简单的量化表评价进行，应从多方面、多维度对劳动教育进行科学的评价，其评价方式、评价内容、评价主体应该多元化。如此，才能使劳动教育的实施获得科学的反馈，使劳动教育课程的育人价值得到充分发挥。

首先，评价方式应多元化。学生作为独立的个体，其生活背景、家庭背景、学习背景存在着差异，其认知方式也各异，这形成了学生个体之间的差异性。因此，单一的评价方式无法有效地、科学地对学生做出评价。在评价的过程中应关注学生的个体差异性，采用多元化的评价方式，关注学生接受劳动教育的过程，注重学生劳动意识、劳动技能的动态生成，对学生进行过程性评价；注重学生自身的素养提升，将学生自身的纵向评价与学生之间的横向评价相结合；根据学生的年龄特点设计专门的劳动任务清单、劳动手册，建立劳动成长档案袋，对学生进行生成性评价等。应根据劳动教育的复杂性、学生个体的差异性的特点，运用多元化的评价方式。

其次，评价主体应多元化。目前，针对劳动教育评价的主体多数依旧是教师，部分劳动教育发展比较成熟的学校还有学生自评、学生互评以及家长评价。在《大中小学劳动教育指导纲要（试行）》中提到劳动教育评价以学生自我评价为主，辅以教师、同伴、家长、服务对象、用人单位等他评方式，指导学生进行反思改进。学生是成长中的人，其价值观也处于动态的生成过程中，认知模式及行为模式具有成长性、不稳定性等特点，多元主体评价法能够及时发现劳动教育实施过程中学生认知、言行上的偏差，不管对于课程的实施效果还是对于学生认知行为模式都能及时进行反馈，进而进行及时的调整和改进。

最后，多元化评价最终依赖于时间和实践的检验，要充分认识到劳动教育的复杂性、学生个体的差异性、人的智力的多元性。要根据学生的不同特点，在进行评价的过程中，自我评价与他人评价相结合、过程性评价与结果性评价相结合、学生纵向评价与学生之间的横向评价相结合、定性评价与定量评价相结合、生成性评价与诊断性评价相结合，从而增强评价结果的科学性和合理性。通过多元化评价给学生客观、科学、合理的反馈，促进学生获得良好的自我发展认识，劳动教育实施方也能根据反馈及时调整实施策略，从而更好地促进学生劳动素养的提升以及劳动精神的塑造。

5.3.4 着力落实劳动教育课程实施的保障机制

保罗·J.迪马乔等制度研究者从行为视角出发，将制度视为一种影响、指导行动者行为与秩序的意义框架，他们认为制度不仅是一种机制，也是一种激励个体、约束个体、保护个体的框架。劳动教育的有效实施，离不开相关制度的保障，劳动教育课程体系的保障机制常态化、体系化与制度化过程，还需要充分考虑多元主体、多元要素与多元制度之间的有机联结，体制机制的完善并非各项制度之间的简单叠加，而是主体实施方、帮扶方、接受方协同各项物质资源等诸多要素协调的过程。①建立以学校为主体,以政府为引导帮扶方,以家长、企业、机构等社会力量为支持方的"三位一体"联动保障体系。② 学校要依照顶层设计,围绕国家标准和指南以及结合本校特色进行制度体系的建构与创新,明晰权利与义务,优化资源配置,根据边际效应在投入与效果之间找到平衡点,探寻建立适应本校特色的、因地制宜的、可持续发展的劳动教育课程实施保障机制。

---

① 吴遵民、蒋贵友:《从松散联结到制度耦合:"五育"融合理念落实的困境与突破》,《中国德育》2021年第1期。
② 孙会平、宁本涛:《五育融合视野下劳动教育的中国经验与未来展望》,《教育科学》2020年第1期。

6 教材建设：劳动教育教材编写热潮不减

6.1 教材编写概况

为深入贯彻习近平新时代中国特色社会主义思想和习近平总书记关于教材建设的重要指示批示精神，落实教育部关于《大中小学劳动教育指导纲要（试行）》的决策部署，各出版社在2021年至2022年1月大约出版了80部劳动教育教材，坚持正确方向，体现中国特色，增强针对性，注重创新性，强化统筹性，持续满足新时代下国家与社会发展、学生个人成长的需要（见表6-1）。

各教材作者以立德树人为主线，在教材编写、出版、使用等方面大力创新，系统推进以马克思主义劳动观为理念的教材建设项目，加快推进劳动教育系列教材创编，完善了一批中小学、中职、专科、本科劳动教育的活动课教材、专业基础教材、公共课程教材，着力建设适应新时代新要求、体现中国特色的原创性劳动教育教材体系。

6 教材建设：劳动教育教材编写热潮不减

表6-1 2021年出版的劳动教育教材一览

序号	书名	作者	出版社	出版时间	类型
1	劳动教育与实践	潘维琴、王忠诚	机械工业出版社	2021年1月	职业教育
2	新时代大学生劳动教育	李卫芳、谭伟	西北工业大学出版社	2021年1月	高等教育
3	劳动教育实践活动手册（7~9年级）	课程教材研究所	人民教育出版社	2021年1月	基础教育
4	劳动教育理论与实践	任立、曹伏明、张立保	湖南教育出版社	2021年1月	高等教育
5	新时代劳动教育教程	郑芳、周雄、陈永清	大连理工大学出版社	2021年1月	职业教育
6	劳动教育读本（高职版）	教育部职业技术教育中心研究所	高等教育出版社	2021年2月	职业教育
7	劳动教育读本（中职版）	教育部职业技术教育中心研究所	高等教育出版社	2021年2月	职业教育
8	新时代大学生劳动教育	赵鑫全、张勇	机械工业出版社	2021年2月	高等教育
9	新时代大学生劳动教育	龚立新	中国言实出版社	2021年2月	高等教育
10	大学生劳动教育概论	李志峰	武汉大学出版社	2021年2月	高等教育
11	劳模精神劳动精神工匠精神学习读本	乔东、李海燕	中国工人出版社	2021年2月	其他
12	大学生劳动教育概论	李效东、陈臣、安娜、佟磊	清华大学出版社	2021年3月	高等教育

续表

序号	书名	作者	出版社	出版时间	类型
13	劳动教育（高一年级）	马建兴	华东师范大学出版社	2021年4月	基础教育
14	劳动	编委会	福建教育出版社	2021年4月	基础教育
15	劳动观教育（低幼版）	张继红	华龄出版社	2021年4月	学前教育
16	劳动观教育（中学版）	汪永富、汤标	华龄出版社	2021年4月	基础教育
17	劳动观教育（小学高年级版）	赵书梅	华龄出版社	2021年4月	基础教育
18	劳动教育（7~9年级）	马建兴、周先荣	华东师范大学出版社	2021年5月	基础教育
19	劳动教育（1~6年级）	马建兴、周先荣	华东师范大学出版社	2021年5月	基础教育
20	劳动教育	汪écio智、郭宏才、荣爱珍	北京理工大学出版社	2021年5月	职业教育
21	职业与劳动——大学生劳动教育十讲	党印	人民交通出版社	2021年5月	职业教育
22	劳动教育与工匠精神教程	姜正国	北京理工大学出版社	2021年5月	职业教育
23	大学生劳动教育教程	王卫旗	北京理工大学出版社	2021年5月	高等教育
24	劳动通论（第二版）	刘向兵	高等教育出版社	2021年5月	高等教育
25	2020年度中国劳动教育发展报告	曲霞、党印	社会科学文献出版社	2021年5月	其他
26	劳动教育及其创新进路研究	张子睿、郭传真	中国书籍出版社	2021年5月	高等教育

6 教材建设：劳动教育教材编写热潮不减

续表

序号	书名	作者	出版社	出版时间	类型
27	新时代大学生劳动教育	丁晓昌、顾建军	上海交通大学出版社	2021年6月	高等教育
28	新时代劳动教育教程	雷世平	中国水利水电出版社	2021年6月	职业教育
29	新时代劳动教育教程	侯守军、张道平	机械工业出版社	2021年6月	职业教育
30	劳动教育教学手册	许本洲、闵克鹏、程小青	中国农业科学技术出版社	2021年6月	其他
31	中小学生劳动教育知识	李澄	应急管理出版社	2021年6月	基础教育
32	劳动教育（高二年级）	马建兴、周先荣	华东师范大学出版社	2021年7月	基础教育
33	劳动教育（高三年级）	马建兴、周先荣	华东师范大学出版社	2021年7月	基础教育
34	青少年生命健康与劳动教育研学课程	廖文/编，钟馥妃绘	华南理工大学出版社	2021年7月	基础教育
35	五育并举 以劳树德——23年劳动教育实践展示	张蕊	上海教育出版社	2021年7月	职业教育
36	大学生劳动教育教程	韩剑颖、赵媛媛、王学成	清华大学出版社	2021年7月	高等教育
37	新时代劳动教育的学科重构与大数据分析	任国友	科学出版社	2021年7月	其他
38	大学生劳动教育与实践	宗伟、周兴前	科学出版社	2021年8月	高等教育
39	大学生劳动教育	班建武、曾妮	人民邮电出版社	2021年8月	高等教育

续表

序号	书名	作者	出版社	出版时间	类型
40	大学生劳动教育实用手册	张茜、王荔、赵丽娟	重庆大学出版社	2021年8月	高等教育
41	大学生劳动教育	刘国胜、柳波、袁炯	人民邮电出版社	2021年8月	高等教育
42	中职生生活实践教育	赵磊、邓锅、刘会明	中国人民大学出版社	2021年8月	职业教育
43	劳动教育	任庆凤、陈静、徐春良	机械工业出版社	2021年8月	职业教育
44	劳动教育	张福利、韩美凤	西安交通大学出版社	2021年8月	高等教育
45	劳动简论	安鸿章	北京理工大学出版社	2021年8月	高等教育
46	新时代劳动教育	邱家才、成朝阳	中国财政经济出版社	2021年8月	其他
47	这就是劳模精神	陈小庚、潘小娴	广东教育出版社	2021年8月	其他
48	中等职业学校劳动教育实践活动手册	职业技术教育课程教材研究开发中心	人民教育出版社	2021年8月	职业教育
49	劳动教育——项目设计与拓展	朱华炳、李小蕴	合肥工业大学出版社	2021年8月	高等教育
50	劳动教育教程	吕罗伊莎、王调品、刘桦	北京师范大学出版社	2021年9月	高等教育
51	新时代大学生劳动教育	柳友荣	高等教育出版社	2021年9月	高等教育
52	劳动教育与素质养成	金正连	高等教育出版社	2021年9月	职业教育
53	劳动教育（中职版）	惠均芳	西安交通大学出版社	2021年9月	职业教育

6 教材建设：劳动教育教材编写热潮不减

续表

序号	书名	作者	出版社	出版时间	类型
54	劳动教育（高职版）	惠均芳	西安交通大学出版社	2021年9月	职业教育
55	新时代大学生劳动教育	陈斌蓉、杨晶、易今科	中南大学出版社	2021年9月	高等教育
56	大学生劳动教育	周兴国、辛治洋	安徽大学出版社	2021年9月	高等教育
57	耕读劳动——新时代劳动教育实践	巫建华、徐芳	中国农业出版社	2021年9月	高等教育
58	耕读劳动——新时代劳动教育概论	巫建华、曲霞	中国农业出版社	2021年9月	高等教育
59	新时代大学生劳动教育实践指导	施盛威、张毅驰	苏州大学出版社	2021年9月	高等教育
60	劳动教育和职业素养	张元、李立文	机械工业出版社	2021年9月	职业教育
61	新时代劳动教育教程	郭长义	中国财政经济出版社	2021年9月	高等教育
62	新时代劳动教育新论	钱欢欣	广西师范大学出版社	2021年9月	基础教育
63	中小学劳动教育安全指南	任国友、安博、岳建伟	工人出版社	2021年9月	基础教育
64	高职院校劳动教育教程	毛平、黄金敏、余小燕	高等教育出版社	2021年9月	职业教育
65	劳动教育	王开淮、郭杨波、李文晋、严双玉、杜宏伟	清华大学出版社	2021年10月	职业教育
66	大学生劳动教育	王雄伟	化学工业出版社	2021年10月	高等教育
67	大学生劳动教育（高职版）	孙百虎、邵英秀	化学工业出版社	2021年10月	高等教育

· 131 ·

续表

序号	书名	作者	出版社	出版时间	类型
68	新时代劳动教育100问	党印	中国人民大学出版社	2021年10月	其他
69	劳动教育	张龙卿	清华大学出版社	2021年10月	职业教育
70	新时代大学生劳动教育教程	徐稔丽、石林、佘林芳	中国书籍科技大学出版社	2021年10月	高等教育
71	劳动教育实践教程	董金凤、贾增岁、武辉	西安电子科技大学出版社	2021年10月	高等教育
72	高校服务性劳动教育：理论与探索	蔡映辉、刘祥玲	科学出版社	2021年10月	高等教育
73	劳动	浙江省教育厅教研室	浙江教育出版社	2021年11月	基础教育
74	劳动：思维、能力与实践	戴海东、周苏	中国铁道出版社	2021年11月	职业教育
75	高校劳动教育的课程建设、体系构建与创新发展	张龙	化学工业出版社	2021年12月	高等教育
76	新时代大学生劳动教育教程	朱琳、陈静、白萌	郑州大学出版社	2021年12月	高等教育
77	手工课：劳动教育始于纤纤素手	读库	文化教育出版社	2021年12月	其他
78	新时代高校劳动教育实务	劳赐铭、朱颖	中国人民大学出版社	2022年1月	高等教育
79	劳动教育概论	田鹏颖	中国工人出版社	2022年1月	高等教育
80	职业院校劳动教育教程	赵放、王干文	高等教育出版社	2022年1月	职业教育

6.2 高校劳动教育教材特点分析

高等教育教材深入贯彻落实习近平总书记关于高等教育工作、职业教育工作和教材工作的重要指示批示精神,全面贯彻党的教育方针,落实立德树人根本任务,凸显职业教育类型特色,不断加强公共基础课程和重点专业领域的劳动教育内容,补足劳动教育通识教材与紧缺领域教材,增强教材适用性、科学性、先进性。

6.2.1 坚持正确的政治方向和价值导向

高等教育劳育教材在编写排版、内容选择、习题设计等模块中,坚持马克思主义指导地位,将马克思主义立场、观点、方法贯穿教材始终,体现党的理论创新最新成果特别是习近平新时代中国特色社会主义思想,体现中华民族风格,体现人类文化知识积累和创新成果,全面落实劳动教育要求,弘扬劳动光荣、技能宝贵、创造伟大的时代风尚。如班建武等人编写的《大学生劳动教育》,不仅注重与思政教育的有机融合,而且配套了微课,在讲解知识之余,进行价值观引导。此外,部分教材,如巫建华等人编写的《耕读劳动》系列,将中国传统农耕文化和劳动教育相互融合,从新时代劳动价值导向、新时代劳动精神面貌等方面,高度凝练劳动理论教育的主要内容,将传统耕读劳动的精髓和优秀的价值导向融入其中,力求探索具有中国特色的劳动教育模式,并把耕读教育理念纳入人才培养全过程,培养学生的劳动奉献精神、创新创业能力和社会实践能力,引导学生树立崇尚劳动、尊重劳动、热爱劳动的正确观念。

6.2.2 遵循劳动教育教学规律和人才成长规律

高校劳动教育教材多以通识教育教材为定位,其写作符合学生认知特点，在体现先进劳动教育理念，助力高校开设劳动教育课程的同时，鼓励专业课以真实生产项目、典型工作任务等为载体，体现产业发展的新技术、新工艺、新规范。如《新时代大学生劳动教育实践指导》等教材，专门设计了最少1/3的内容来做实践指导，详细讲述了大学生生活劳动、生产劳动、服务性劳动，以及劳动实践的安全防范。可见，多数教材反映了人才培养模式的改革方向，将知识、能力和正确价值观的培养进行了有机结合，力求适应专业建设、课程建设、教学模式与方法改革创新等方面的需要，不断满足项目学习、案例学习、模块化学习等不同学习方式要求，从而有效激发大学生的学习兴趣和创新潜能，并针对当代大学生特点，从劳动品德涵养、劳动情怀培育、专业技能习得、创新创业激励、职业素养提升、劳动权益保护、劳动文化塑造、团队意识培养、未来劳动认知等多个维度，全面提升大学生劳动素养。

6.2.3 科学合理编排教材内容

高等教育劳育教材内容设计逻辑严谨、梯度明晰，文字表述规范准确流畅，图文并茂、生动活泼、形式新颖；名称、术语、图表规范，编校、装帧、印装质量等符合国家有关技术质量标准和规范；符合国家有关著作权等方面的规定，未发生明显的编校质量问题。很多教材通过创新版式体例，增加了可读性、趣味性，通过设置导读、典型案例、小实践等模块，让大学生更容易亲近、体会劳动教育的意义，感受榜样的力量。如《高校劳动教育的课程建设、体系构建与创新发展》《新时代劳动教育教程》等，均以劳动教育相关理论为切入点，用各种方式重点探讨了劳动教育的工作职责和实施手段、基础劳动教育课的落实和实施、基于"工匠精神"的劳动实践观和价值观建立等相关内容，翔实生动，极具可读性。

6.3 职业院校劳动教育教材特点分析

近年来,随着我国教育体制的深入改革,职业教育的发展受到社会的广泛关注。职业教育院校是为国家和社会培养应用型人才和技术型人才的主阵地。职业教育院校毕业生一般直接进入企事业单位,从事专业化、技术性劳动。因此,在职业教育院校开展劳动教育意义重大。从2021年全年新出版的劳动教育教材来看,约有1/4的教材是针对中职、高职院校编写的。这些教材均根据《中共中央 国务院关于全面加强新时代大中小学劳动教育的意见》和教育部《大中小学劳动教育指导纲要(试行)》进行编写。教材结合职业教育院校人才培养特点,在全课程教学中渗透劳动观教育,组织开展多种形式的劳动实践,推进职业院校学生改变劳动精神面貌,端正劳动价值取向,提升劳动技能水平,营造崇尚劳动的校园文化氛围。

6.3.1 结合时代要求,注重劳动精神培养

新时代、新形势、新任务,在新的历史条件下开展劳动教育,机遇与挑战并存。一方面,勤劳节俭是中华民族的宝贵基因,重视劳动教育是社会主义教育的光荣传统,培养时代新人对劳动教育的要求极为迫切;另一方面,当今时代经济全球化、价值多元化、社会信息化的特点,传统生活生产方式和组织形态发生重大变革,这一切都会对劳动教育产生影响和冲击。要避免思想认识上的片面和实践上的盲目,防止评价上的单一和效果上的弱化。要构建科学实用的现代劳动教育体系,形成更高水平的人才培养体系;既要培养兢兢业业的普通劳动者,还要培养大国工匠、创造发明的科学大师,形成崇尚劳动创造的社会风气。从简单体力劳动引向创新创造复杂劳动,加快建设教

育强国和制造业强国。新时代更加强调幸福是奋斗出来的，青春是用来奋斗的，不劳动无以为人，无创造无以成事，无奉献难成大器。劳动教育的独特育人价值和综合育人价值不仅没有消失，反而在培养社会主义合格建设者和可靠接班人方面的作用更显重要。

职业教育劳动教材通过鲜活的劳动教育案例，探索、总结和解答劳动教育的一般理论和实践问题。教育引导学生参与形式多样的劳动教育实践，使其形成崇尚劳动、尊重劳动人民的观念，增强其同理心，提高劳动素养，养成劳动习惯，弘扬劳动精神，以完善人格、造福人民。

此外，多套职业教育劳动教材对劳动精神、劳模精神和工匠精神予以特别关注。比如，潘维琴、王忠诚编写的《劳动教育与实践》第三单元以"大力弘扬三种精神"为主题，串起多种劳动实践项目；再如，郑芳、周雄、陈永清编写的《新时代劳动教育教程》第一部分即劳动理论篇，分别解读了新时代劳模精神和工匠精神，并倡导广大读者践行三种精神。此外，陈小庚、潘小娴编写的"中国梦·劳动美青少年劳动教育丛书"（共3册）通过讲述各行各业的劳动者拼搏进取、不懈奋斗的动人事迹，以及丰富的楷模人物故事、人物精神、人物语录，全方位展现劳动者面貌，凸显时代劳动模范和普通劳动者为个人、为大众创造美好生活的广阔胸怀和奋斗精神，让读者看到他们在实现中华民族伟大复兴的征途上，事不避难、义不逃责的决心和以身许国、无私奉献的精神，支撑着中华儿女为夺取一个又一个胜利而奋勇前行，这就是道德的力量、榜样的力量、精神的希望，给人以启迪和激励，引导学生牢固树立劳动光荣、劳动崇高、劳动伟大、劳动美丽的观念，增强学生的职业自豪感和尊严感，为学生的全面发展奠定精神基础。

6.3.2 完善理论体系,深刻认识劳动内涵

教材在编写过程中形成了较为完备的理论体系,如教育部职业技术教育中心研究所组编的《劳动教育读本(高职版)》共分为八个专题:崇尚劳动、掌握技能、传承精神、培育品质、尊重劳动、实现体面劳动的核心、从劳动锻炼走向工作世界、做新时代的劳动者以及拓展学习。通过从思政劳育、专业劳育、实践劳育、课程劳育、学术劳育等角度深入剖析劳动教育内涵,正确认识劳动的自然属性和社会属性,从历史唯物主义、政治经济学以及教育学等多学科视角,全方位解析劳动与人的生存和发展之间的本质联系,从而让学生从内心认同参加劳动以及劳动教育的必要性,更加主动地接受劳动教育,积极提升个人劳动素养。

6.3.3 结合生产生活,注重劳动伦理教育

职业教育院校学生因为马上要进入职场,为了使学生充分了解劳动场所、劳动关系和相关法律法规,部分教材安排了有关劳动合同、劳动权益保护、职业道德、体面劳动、构建新时代劳动伦理、促进和谐劳动关系等相关内容,如汪永智、郭宏才、荣爱珍编写的《劳动教育》专门加入了有关劳动制度与劳动法规的内容;王开淮等主编的《劳动教育》涵盖了劳动基本制度如就业制度、劳动工资和保障制度,以及劳动权益保护如劳动合同的签订、变更、解除和终止等内容,此外,还涉及劳动争议的处理等。张元、李立文编写的《劳动教育和职业素养》加入了关于职业道德、职业理想等相关内容。教育学生树立马克思主义劳动观,端正劳动态度,养成劳动习惯,增强劳动情感,掌握幸福生活的能力,从法律、伦理、道德等角度整体提升学生劳动素养,为帮助学生顺利进入职场,收获长久职业幸福做好准备。

6.3.4 提供配套资源，加强劳动教育的规范性

随着时代的进步和技术水平的提升，部分教材还配套出版了电子资源，如微课、PPT课件、电子化教案、题库、知识框架、思维导图、劳动教育评价手册等，用于支持劳动教育在职业教育院校的规范开展。如雷世平主编的《新时代劳动教育教程》提供了微课和PPT课件，毛平、黄金敏、余小燕编写的《高职院校劳动教育教程》还附加了二维码资源、PPT课件、知识框架思维导图等，这些配套资源大大提高了劳动教育在日常教学中的可操作性和规范性，弥补了当前劳动教育专业师资相对短缺的现状，为有效开展劳动教育提供了有力支持。

6.4 中小学劳动教育教材特点分析

中小学劳动教育教材是中小学开展劳动教育的重要载体。但相比于劳动教育教材在高等教育和职业教育层面的百花齐放而言，基础教育阶段的劳动教育教材在2021年出版和发行的数量较少。主要有人民教育出版社、华东师范大学出版社、浙江教育出版社、华龄出版社出版的按年级或年龄编排、自成体系的教材，以及应急管理出版社、华南理工大学出版社、工人出版社等出版的侧重于中小学生劳动安全教育的单册教材或读本。

这些基础教育劳动教材，按《中小学劳动教育指导纲要》精神，以"立德树人、五育并举"教育思想为指导，基于社会主义核心价值观和中华优秀传统劳动文化，结合中小学各学科课程标准，NGSS相关素养能级要求，参考劳动技术、综合实践和研究性学习指标，采用项目化学习和真实情境下的深度学习理论编写，呈现出新时代项目化

劳动教育样态。在遵循中小学学生身心发展规律与教育基本规律的基础上，注重强化劳动观念，弘扬劳动精神，在系统的文化知识学习之外，有目的、有计划地组织学生参加日常生活劳动、生产劳动和服务性劳动，充分发挥中小学劳动教育教材在生命安全与健康教育中的重要作用，强化对劳动教育实践操作能力的评价。

6.4.1　精心设计编排，便于学校安排课程和组织开展日常教学

以由马建兴、周先荣主编，华东师范大学出版社出版的《劳动教育》为例，这套教材从小学一年级到高三年级形成体系，每个年级合为一册，每册分为五章，每章四节左右。每章为一个完整的劳动项目，如天地育灵珠、桑蚕文化、建筑、财务管理、校园设计与建设等。其中第一、二章为第一学期使用，第三、四章为第二学期使用，要求各年级每周安排一课时，加上期中、期末考核，正好40课时，第五章供劳动周之用，是一个大的劳动项目，综合劳动知识学习、劳动实践加劳动考核，共需28课时。这样比较适合学校课程安排，也适合学校组织开展日常教学，并进行劳动教育评价。

6.4.2　关注年龄特点，注重学生兴趣培养和习惯养成

2021年出版的基础教育劳动教材充分关注了中小学生的年龄特点和认知规律，如马建兴、周先荣主编的《劳动教育》（1~9年级）以精彩故事、优美图画等形式，将趣味性、教育性、实践性融为一体，编写了诸如情景再现、劳动启发、教师点拨、小知识、小贴士、名言提示、亲子讨论等版块，启发中小学生思考劳动的意义。同时，大部分基础教育劳动教材从生活中多个方面鼓励孩子积极参与实践，提高个人动手能力。对孩子劳动道德素养的提升、个人实践能力、个人的未来发展等具有极强的指导意义。还有的教材或读本，充分遵循

儿童学习规律及阅读习惯,以图为主,不但采用通俗易懂的文字,还对全书进行了拼音标注,如华东师范大学出版社出版的《劳动教育(一年级)》,既让孩子接受劳动思想教育启发,又顺便认识一些生词和汉字,充分体现了"五育融合"的教育思想。

6.4.3 强调用心动脑,注重脑力劳动与体力劳动相结合

苏霍姆林斯基认为,"劳动教育是对年轻一代参加社会生产的实际训练,同时也是德育、智育和美育的重要因素"[1]。劳动教育的理想追求是"使每一个人早在少年时期和青年时期就能领悟到劳动能使他的自然天赋更全面、更明显地发挥出来"[2]。因此,苏霍姆林斯基把劳动教育视为让学生参加社会生产实践训练的形式,通过这一形式渗入德育、智育和美育,全面发挥儿童的自然天赋。陶行知也把劳动教育视为"在劳力上劳心"的实践活动。他指出"中国教育之通病是教用脑的人不用手,不教用手的人用脑,所以一无所能"[3],劳动教育的目的是"手脑相长,以自立之能力,获得事物之真知及了解劳动者之甘苦"[4]。从教育家和研究者对劳动教育的研究中可以发现,劳动教育具有实践属性和综合属性。基础教育劳动教材在编写的过程中,充分关注劳动教育"动手+动脑"相结合,指导中小学生在劳动实践中用心、动脑,创造性地使用工具,把所学的知识和动手实践结合起来,从而促进学生手脑并用,全面发展。2021年12月读库出版了适合中小学生动手操作的《手工课》,在书中介绍了27种实用、好

---

[1] 〔苏〕苏霍姆林斯基:《帕夫雷什中学》,赵玮等译,教育科学出版社,1983,第361页。
[2] 〔苏〕苏霍姆林斯基:《帕夫雷什中学》,赵玮等译,教育科学出版社,1983,第362页。
[3] 陶行知:《中国教育改造》,人民出版社,2008,第133页。
[4] 陶行知:《陶行知全集》(卷二),四川教育出版社,2009,第331页。

玩的手工，暗藏科学原理，趣味横生，学生需要手脑并用，才能做出好看、有用的作品。

6.4.4 继承中华传统，注重时代特征与中国特色相结合

由马建兴、周先荣主编，华东师范大学出版的《劳动教育》教材在教学内容选择上，兼顾地方性与通用性，融传统性、时代性、生态性和生活性于一体。传统性，如传统劳动文化、刺绣、酿酒、舌尖上的文化、文房四宝等；时代性，如人工智能、编程、大数据、传感器、3D打印和智慧农业等；生态性，如生态种植养殖、垂直绿化、湖泊生态治理等；生活性，如财经、家庭劳动、美食烹饪等。这些教学内容丰富多样，凝结了祖先以及当代劳动群众的经验和智慧，展示了我国传统文化以及社会主义先进文化的魅力，有利于纠正一直以来我国基础教育界普遍存在的"用劳动代替劳动教育的设计"这一错误做法，有助于劳动教育在中小学更好地落实。

6.4.5 发挥主体作用，注重创新理念与创造实践相结合

基础教育劳动教材摒弃了传统教材重知识传授、轻动手实践的常规做法，始终强调学生的主体作用，让孩子们在深度参与和亲身体验中，把理论知识和劳动实践相结合，鼓励中小学生进行创造性劳动，这有利于把中小学生培养成爱劳动、会劳动、能创新的新一代社会主义建设者和接班人。如廖文编写的《青少年生命健康与劳动教育研学课程》将有关人体结构、营养健康、基因秘密等生命健康知识与劳动教育进行结合，调动学生学以致用，用新学到的生命健康知识进行创造性劳动，设计制作基因检测制品等，充分体现了动手动脑相结合、创新理念与创造相结合的劳动教育思想。

6.5 总结与评析

2021年，劳动教育相关内容进教材的整体布局与分科安排科学有序，学段学科全面覆盖，理论内涵充分阐释，学习要求循序渐进，全面提升了教材的铸魂育人功能。劳动教育教材在教育引导学生不断增进对马克思主义劳动观以及中国特色劳动教育的政治认同、思想认同、理论认同、情感认同的同时，也增强了学生做人的志气、骨气、底气，让爱国、爱劳动、爱社会主义的深厚情感融入新时代中国特色社会主义伟大实践。

小学阶段。重点呈现劳动教育相关的领袖故事、劳动模范事迹、重要历史事件、重大发展成就等内容。通过故事讲述、活动游戏、参观纪念馆、认识象征标志、庆祝重要纪念日等方式，围绕思想启蒙与价值引导，让学生知劳动、会劳动，了解劳动对个人、家庭、集体的意义，扣好人生第一粒扣子，初步形成热爱劳动的朴素情感。小学阶段的教材大都兼顾了知识系统性与教学趣味性，穿插了大量的真实案例和趣味插图，帮助学生在掌握教材知识之余，引导学生建立正确的劳动观念、形成正确的劳动习惯，激发学生的劳动热情。但是，部分小学教材存在插图无法平衡灵动与真实、低年级教材注音比例不足等问题，在一定程度上影响了学生的学习兴趣。

初中阶段。重点围绕劳动的含义、价值，通过党领导人民进行劳动建设、劳动改革的历史故事，介绍不同历史时期的重大劳动事件和重要劳动模范，坚持贴近生活、贴近实际、贴近学生所需，通过阅读梳理、分析思考、参观考察劳动教育基地等方式，围绕觉悟提高和品德塑造，让学生理解劳动在历史发展中的重要作用，坚持爱党、爱国、爱劳动，夯实劳动的信念根基。初中劳育教材最重要的地方在于做好衔接，既不能小学化，也不能高中化或成人化，且还要在编排和设计方面符合青少年的身心发展特点。

高中阶段。为了提高学生的学习热情，很多教材有针对性地设置了阅读材料、名言警句、案例分析、探索空间、知识链接等诸多版块，通过案例分析与思考，重点解析马克思主义劳动观的先进性、革命性、人民性，以及劳动教育的基本理论、基本路线、基本方略，启发学生独立思考，深化学生对人类劳动发展历程的认识。结合劳动实践和文献选读，通过自主探究、表达分享、社会实践等方式，围绕思想认同和精神升华，让学生深刻理解劳动的重要作用，明确中国特色社会主义劳动的特征。也许是受限于高考压力，部分劳育教材的实践性不足，不能给予学生比较充分的动手体验指导，这是需要进一步提升与完善的部分。

大学阶段。围绕就业与创业等学生高度关心的且与未来职业发展密切贴合的话题，系统介绍马克思主义劳动观的基本理论，重点阐释中国特色劳动教育的历史逻辑、理论逻辑、实践逻辑。本专科课程重在加强理论教育和学习，高等职业教育课程体现了职业教育特点，强化了研究式教育。通过案例研读、理论宣讲、实践探究等方式，围绕理论自信和行动自觉，让学生通过劳动树立梦想，践行使命，勇于担当。

7 资源保障：劳动教育基地建设蓬勃发展

7.1 劳动教育实践基地和研学旅行基地发展情况

劳动教育具有树德、增智、强体、育美的综合育人功能。开展劳动教育，需让学生动手实践、身体力行，完成劳动任务，经历完整的劳动过程，需要有适当的实践基地、配套的设施设备、专业的指导人员等多方面支撑。劳动教育实践基地在劳动教育中具有不可替代的重要作用，是开展劳动教育的基础和必要条件。没有劳动教育实践基地，劳动教育难以规范化、长期化、规模化，容易成为无本之木、无源之水，影响综合育人功能的实现。

2020年3月20日，中共中央、国务院印发《关于全面加强新时代大中小学劳动教育的意见》（以下简称《意见》）提出，把劳动教育纳入人才培养全过程，着力提升劳动教育的支撑保障能力，大力拓展实践场所，满足各级各类学校多样化劳动实践需求。2020年7月，教育部印发《大中小学劳动教育指导纲要（试行）》（以下简称《纲要》）提出要切实加强条件建设，丰富和拓展劳动实践场所。要联合社会力量，共建共享稳定的劳动实践基地、校外实习实训基地、各类型创新创业孵化平台，多渠道拓展劳动实践场所。2022年4月，教育部发布义务教育课程方案和课程标准，将劳动课从综合实践活动中独立出来，突出劳动实践的重要性，倡导统筹利用家校社资源，开展个性化的劳动周活动。因此，新时代加强劳动教育实践基地建设既是发挥劳动教育育人功能的内在需要，也是贯彻《意见》和《纲要》精神、落实义务教育课标的现实要求。已有不少文献探讨劳动教育实践基地的功能定位和育人价值[①]，各界普遍认识到建设劳动教育实践基地的重要性。自《意见》和《纲要》发布以来，全国各地区劳动教育实践基地建设情况怎么样，存在哪些亮点和不足，我们希望在全景式分析的基础上为进一步研究和建设劳动教育实践基地提供参考。

7.1.1 劳动教育实践基地发展情况

2010 年之前的劳动教育实践基地较少，每年新设的基地数量也较少。在这些有限的实践基地中，不乏有特色的实例。如广州市中学生劳动技术学校和崇义县中小学劳动技术教育实践基地。广州市中学生劳动技术学校是广州市教育局于 1983 年创办的一所以劳动技术教育为主的学校。学校开设了多种形式的劳动技术教育课，如劳动思想教育、生产劳动、果树、花卉、现代农业、生态环保、军事、家政等课程。该校承担广州市所有高中学生的学农任务，承办广州市教育系统主办的中小学生科技夏令营，建设科普谷，成为具有接待中学生的三防演练、青少年的科技教育、军训、夏令营、旅游度假等多种功能的育人基地。崇义县利用丰富的山地资源，创办中小学劳动技术教育实践基地，构建素质教育平台，探索出了一条成功之路。其背景是，为解决横水、杰坝等乡镇学校"吃菜难"的问题，县政府决定由乡镇财政出资，为学校租赁一定面积的土地，建立劳动技术教育实践基

---

① 章振乐：《社会实践基地：劳动教育的得力"助手"》，《上海教育》2021 年第 30 期；顾明远：《校外教育赋能学生全面发展》，《中国校外教育》2022 年第 1 期。

地，用来种植各类蔬菜、瓜果供学生食用，确保住校生每天至少吃上一餐免费的新鲜蔬菜。经过一年的成功试点之后，全县中小学劳动技术教育基地建设由点到面全面铺开。综合而言，以这两个基地为代表的劳动教育实践基地普遍是在政府主导下建设的，很少有企业或社会机构参与。

2010~2016年，全国各地设立的劳动教育实践基地或企业屈指可数，仅2015年超过10个，这与2015年共青团中央、全国少工委发布《关于大力加强新时代学生团员、少先队员劳动教育的工作指引》有关，该文件强调青少年参加劳动实践的重要性，重申要组织多种形式的劳动实践活动，带动了相关实践基地的建设。2017年劳动教育实践基地或企业数量大幅增加，2018年继续增加，这与2017年多项研学旅行政策发布有关，一些劳动教育实践基地结合研学旅行活动，纷纷设立并提供各类劳动实践体验项目（见图7-1）。

资料来源：企查查。

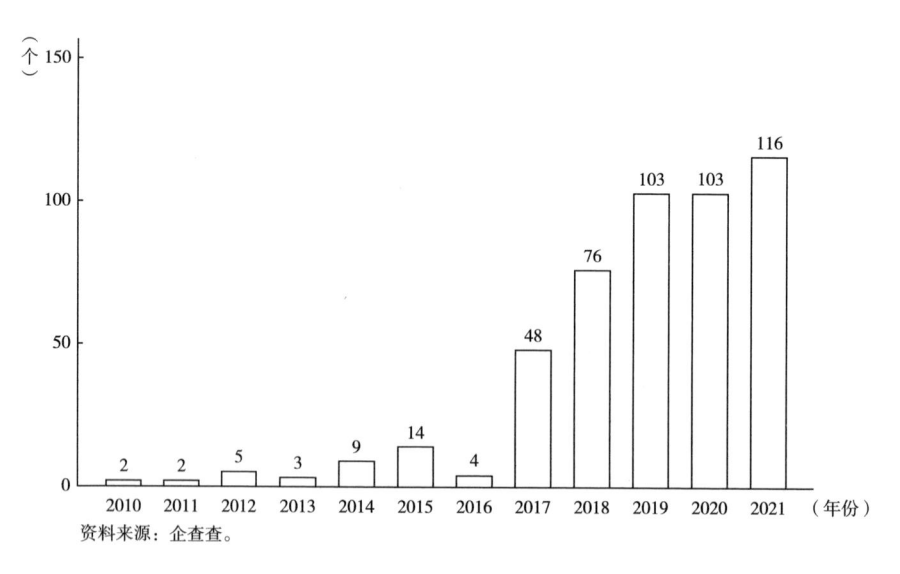

图7-1　2010~2021年全国新成立的劳动教育实践基地或企业数量

7 资源保障：劳动教育基地建设蓬勃发展

2018年全国教育大会召开，习近平总书记在大会上强调，坚持中国特色社会主义教育发展道路，培养德智体美劳全面发展的社会主义建设者和接班人。此后，全国各地新设劳动教育实践基地数量成井喷趋势。企查查数据显示[1]，2019年以后，每年新成立的劳动教育实践基地或劳动教育实践企业达100余个。普遍情况是，利用现有的中小学综合实践基地、研学基地、青少年校外活动场所、职业院校和普通高等学校实习实践场所，进行整合改建或新建，通过政府创办、有条件的学校自建和企业创办等方式建设。相较于传统的劳动技术教育基地，新成立的劳动教育基地教育理念更为先进、课程设置更为科学、机制更为健全、管理更为规范。2021年，有9个省新成立劳动教育实践基地或企业达5个及以上，其中，湖南省最多，达38个（见图7-2）。

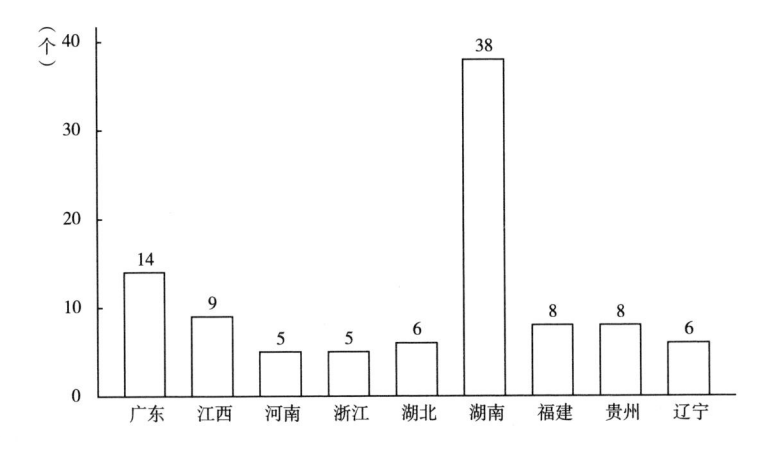

图7-2 2021年新成立劳动教育实践基地或企业达5个及以上的省份
资料来源：企查查。

---

[1] 我们在企查查网站搜索机构名称中包含"劳动教育基地""劳动技术教育""劳动教育""实践基地""综合实践"的机构，从业务范围中搜索包含"劳动实践""劳动教育基地""劳动教育""实践基地""劳动技术""劳动技能""劳技""劳动基地""社会实践""生产实践""综合实践""研学实践""研学旅行""劳动生产"的机构，剔除其他机构，得到各年新设机构的注册信息。

7.1.2 研学旅行基地发展情况

2016年11月30日，教育部、国家发展改革委等11部门联合发布《关于推进中小学生研学旅行的意见》，研学旅行在2017年进入正式发展阶段。2017年被各界称为"研学旅行元年"，当年8月17日教育部基础教育司发布《中小学德育工作指南》，将组织研学旅行作为德育工作的一种实施途径；9月27日教育部教材局发布《中小学综合实践活动课程指导纲要》，11月20日教育部基础教育司正式公示首批全国中小学生研学实践教育项目评议结果。随着相关国家政策及时出台，教育政策红利和市场需求逐步释放，研学旅行市场快速发展。2019年，中国旅行社协会与高校毕业生就业协会联合发布《研学旅行基地（营地）设施与服务规范》《研学旅行指导师（中小学）专业标准》，为研学旅行市场提供了行业标准，研学旅行标准化、规范化进入一个新阶段。

在以上政策背景下，2016年及之前全国没有研学旅行的企业，2017年开始才有此类企业。从2017年开始，各省级教育、旅游主管部门纷纷响应政策，"教育+文化+旅游"的研学市场愈发火爆。企查查数据显示[1]，2017年新设172家研学旅行基地或企业，2018年新设447家，2019年高达931家，2020年因为新冠肺炎疫情，新设总数虽少于2019年，但也高于2018年，达到458家，2021年再次新增504家（见图7-3）。

---

[1] 我们在企查查网站搜索机构名称中包含"研学旅行""研学实践"的机构，从业务范围中搜索包含"劳动实践""劳动教育基地""劳动教育""实践基地""劳动技术""劳动技能""劳技""劳动基地""社会实践""生产实践""综合实践""研学实践""研学旅行""劳动生产"的机构，剔除其他机构，得到各年新设机构的注册信息。

7 资源保障：劳动教育基地建设蓬勃发展

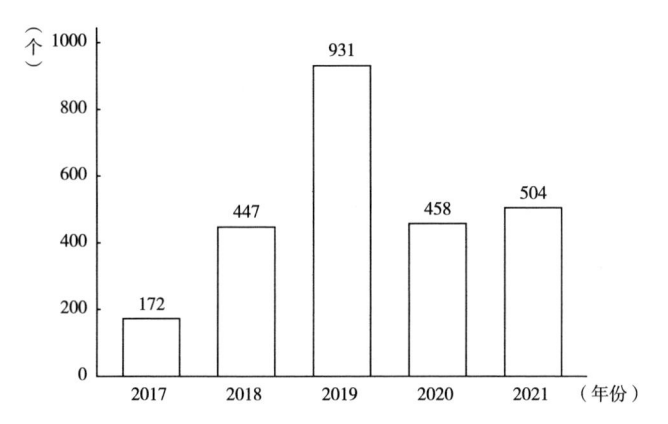

图 7-3　2017~2021 年新成立的研学旅行基地或企业数量

资料来源：企查查。

2021 年，全国 16 个省（直辖市）新成立研学旅行基地或企业达 10 个及以上。广东最多，高达 56 个，其次为四川（50 个）、福建（47 个）、河南（40 个），山东、湖南和重庆均为 35 个（见图 7-4）。

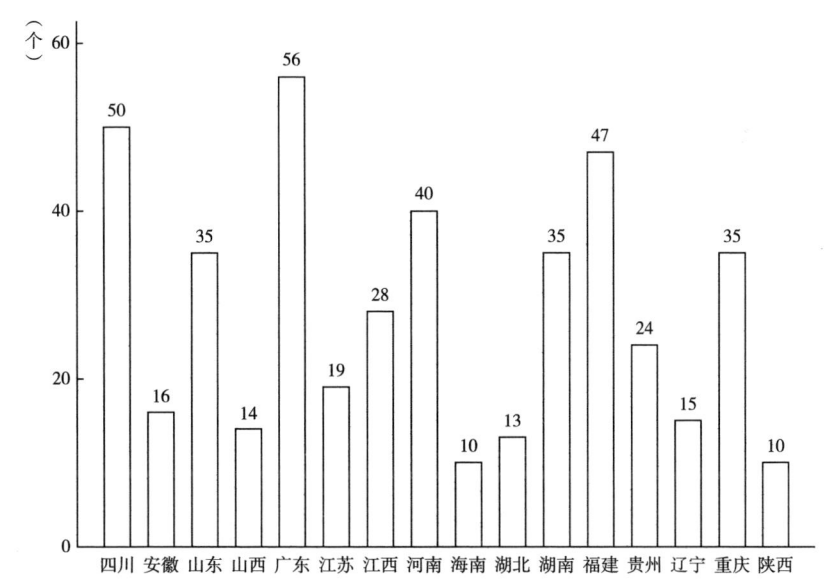

图 7-4　2021 年新成立的研学旅行基地或企业数量在 10 个及以上的省份

资料来源：企查查。

7.2 劳动教育实践基地的功能与实践内容

劳动教育实践基地是开展劳动教育的重要载体。① 各类校外实践基地既是校内劳动教育课堂的延伸,也是家庭自主引导孩子丰富劳动体验、加强劳动实践的重要场所。② 校外实践基地以其丰富的实践项目满足多样化需求,弥补学校和家庭的供给短板,发挥独特的育人功能。

7.2.1 主要功能

综观全国各类劳动教育实践基地,既有农场、企业,也有场馆、活动中心和学校。各类劳动教育实践基地承担的功能不同,主要有如下几种。

7.2.1.1 服务学生劳动实践需求

这类实践基地与各类劳动直接相关,以劳动体验为主,可满足学生参加日常生活劳动、生产劳动和服务性劳动的需求功能,注重学生身心体验、技能训练、知识增长和价值观培养等。在日常生活劳动实践课程体系设置上,立足个人生活自理,开展新时代校园爱国卫生运动,注重培养学生生活能力和良好卫生习惯,使学生树立自立自强意识。在生产劳动实践课程体系设置上,让学生切身体验工农业生产创造物质财富的过程,从简单劳动、重复劳动逐步向复杂劳动、创造性劳动发展,逐渐学会使用工具,掌握劳动技能,体会劳动艰辛,感受劳动伟大。在服务性劳动实践课程体系设置上,让学生利用知识和技

---

① 徐海娇:《实践基地:劳动教育的重要载体》,《教育家》2019年第17期。
② 郑怀丽:《依托实践基地 深耕劳动教育——构建"家校社"三位一体的"欢喜田"劳动特色课程》,《福建教育学院学报》2022年第3期。

能为他人和社会提供服务，在服务性岗位上见习实习，树立服务意识，提升服务技能，在公益劳动、志愿服务中增强社会责任感。

7.2.1.2 服务学生全面发展需求

这类实践基地是各类场馆和学校场地，包括博物馆、科技馆和普通高等学校实践基地等，充分发挥育人功能，发挥基地平台信息传播功能，及时传播新时代劳动教育新要求、新知识、新技能、新工艺等，为开展新时代劳动教育提供保障支撑。通过科学规划劳动实践课程内容，开展形式多样、丰富多彩的劳动实践活动，引领学生崇尚劳动、热爱劳动，让学生收获新知，增强心智，提升对自我的认知，并促进其他学科课程的学习。

7.2.1.3 服务学生职业体验需求

这类实践基地与职业密切相关，主要是职业院校和各类校企合作机构，具有专业特色鲜明、操作性强、设施设备齐全、场地资源丰富等优势，设置各具特色的职业体验项目、创新创业项目，开展职业启蒙和创新创业教育。特别是挖掘劳动模范、技能工匠、优秀校友等先进事迹，邀请他们到基地现场授课、指导学生劳动实践等，发挥榜样激励作用。

7.2.2 实践内容

各类劳动教育实践基地的实践内容存在差异，主要有以下几个方面。

7.2.2.1 工农业实践类

不同学段提供的实践内容不同，与《意见》《纲要》的要求基本一致。中小学实践基地以使用传统工具、传统工艺的劳动为主，突出种植、养殖、手工制作等内容。根据学生生理、心理等特点，依托、整合校内小农场、校外研学基地、综合实践基地、青少年校外活动场所等，构建针对性较强的劳动教育实践课程体系。小学生以初步体验种植、养殖、手工制作等简单的生产劳动为主。初中学生适当体验包括金工、木工、电工、陶艺、布艺等项目在内的劳动及传统工艺制作过程，尝试家用器具、家具、电器的简单修理，参与种植、养殖等生产活动，学习相关技术，获得初步的职业体验，形成初步的生涯规划意识。高中学生从工业、农业、现代服务业以及中华优秀传统文化特色项目中，选择1~2项生产劳动，经历完整的实践过程，养成吃苦耐劳、精益求精的品质，增强生涯规划的意识和能力。

7.2.2.2 职业体验类

职业院校实践基地注重结合产业新业态，突出职业体验特点。一般整合本校、本地实习实训基地，结合专业特点设计劳动教育实践课程，让学生参与真实的生产劳动和服务性劳动，增强职业荣誉感和责任感，提高职业劳动技能水平，培育积极向上的劳动精神和认真负责的劳动态度。

7.2.2.3 科技创新类

提供"科学+""文化+"实践项目，注重结合劳动新形态，突出科技引领特点。一些基地结合各类社会实践活动设计劳动教育实践课程，结合学科专业开展生产劳动和服务性劳动，强化马克思主义劳动观教育，培育诚实守信的合法劳动意识和创造性劳动能力。

7.3 各省（区、市）劳动教育示范基地建设

劳动教育实践基地涉及学校、学生、家庭及大量的社会资源，优良的劳动教育实践基地可发挥辐射带动作用，提升整个地区的教育质量。因此，各级政府和教育主管部门有责任引导劳动教育实践基地规

范建设，遴选示范基地，宣传典型做法。①

7.3.1 各省（区、市）劳动教育基地遴选情况

2021年，全国各地积极开展劳动教育示范基地遴选活动（见表7-1）。教育部组织开展了全国中小学劳动教育实验区遴选推荐工作，并于2021年5月公布全国中小学劳动教育实验区名单，要求各省（区、市）进一步加强对本区域内实验区的指导，在政策、资金和项目安排等方面予以大力支持。在省级层面，广东省、上海市、天津市、福建省、陕西省、广西壮族自治区、安徽省等开展了劳动教育实践基地的遴选、公示、公布等活动。在市级层面，宁波市、柳州市、武汉市、中山市、鹰潭市、石家庄市、长沙市、厦门市、广州市、广德市、钦州市、宣城市等独立开展了劳动教育示范基地申报、遴选、培育工作。

表7-1 2021年全国各类劳动教育实践基地遴选通知一览

文件来源	文件名称	发布时间
教育部	教育部办公厅关于公布全国中小学劳动教育实验区名单的通知	2021年5月
广东省	广东省教育厅关于公布广东省中小学生劳动教育基地名单的通知	2021年3月
上海市	上海市学生劳动教育基地公示	2021年4月
天津市	关于2021年天津市中小学生劳动教育实践基地的公示	2021年6月
天津市	2021年天津市中小学生劳动教育实践基地一览表公示	2021年6月

---

① 白薇、李英杰：《劳动教育实践基地的建设策略与实现路径》，《河北教育》（综合版）2022年第2期；李建民、易凌云：《新时代校外教育供给模式：本质属性、基本结构与优化路径》，《教育科学研究》2021年第10期。

续表

文件来源	文件名称	发布时间
福建省	福建省教育厅关于组织遴选一批中小学德育和劳动教育特色项目的通知	2021年6月
	福建省第二批中小学劳动教育实践基地申报工作方案	2021年6月
	福建省教育厅关于公布第二批福建省中小学生劳动教育实践基地名单和第四批福建省中小学生研学实践教育基地营地名单的通知	2021年11月
陕西省	关于评选省级大中小学劳动教育实践基地的通知	2021年8月
广西壮族自治区	自治区教育厅关于开展第一批自治区中小学劳动教育实践基地、示范校推荐工作的通知	2021年11月
安徽省	关于开展安徽省第一批省级学生劳动教育实践基地推荐工作的通知	2021年12月
宁波市	关于公布2020年宁波市中小学劳动教育示范学校（实践基地）评估情况的通知	2021年3月
柳州市	关于开展第一批市级校外中小学生劳动教育实践基地申报工作的通知	2021年4月
武汉市	市教育局关于开展省级中小学劳动教育实践基地和中小学生研学实践教育基地（营地）推荐工作的通知	2021年6月
中山市	关于中山市中小学劳动教育基地拟认定名单的公示	2021年6月
鹰潭市	关于开展鹰潭市2021年中小学生研学（劳动）实践教育基地申报工作的通知	2021年7月
石家庄市	石家庄市教育局关于组织开展2021年石家庄市中小学生研学（劳动）实践教育基地申报工作的通知	2021年8月
长沙市	关于开展长沙市第一批中小学生劳动教育实践创建基地申报工作的通知	2021年9月
厦门市	厦门市教育局办公室关于开展第二批中小学生研学实践教育基地（营地）、劳动教育基地申报评选工作的通知	2021年10月

续表

文件来源	文件名称	发布时间
广州市	广州市教育局关于公示2021年中小学生劳动教育基地名单的通知	2021年11月
广德市	关于开展2021年广德市中小学生研学（劳动）实践教育基地申报工作的通知	2021年11月
钦州市	钦州市教育局转发关于开展第一批自治区中小学劳动教育实践基地、示范校推荐工作的通知	2021年12月
宣城市	关于开展首批市级劳动教育示范学校和中小学校外劳动教育示范基地评选工作的通知	2021年12月
宁国市	关于公布宁国市首批劳动教育示范学校和中小学生校外劳动教育实践基地的通知	2021年12月
深圳市南山区	关于遴选第一批南山区中小学生校外劳动实践基地的通知	2021年10月
深圳市宝安区	关于遴选第一批宝安区中小学生校外劳动实践基地的通知	2021年12月
广州市越秀区	越秀区教育局关于公示2021年中小学生劳动教育基地、劳动教育学科教研基地实验学校、中小学劳动教育基地学校名单的通知	2021年12月
西安培华学院	关于组织申报陕西省普通高校劳动教育实践基地的通知	2021年9月
福建师范大学	关于公布我校首批大学生劳动教育实践基地立项名单的通知	2021年11月
宿州学院	宿州学院关于做好安徽省第一批省级学生劳动教育实践基地推荐工作的通知	2021年12月

资料来源：作者根据公开信息整理。

就遴选种类而言，有的是单纯遴选劳动教育实践基地，如广东省、上海市、天津市、陕西省、安徽省、广州市、长沙市；有的是劳动教育实践基地与劳动教育示范学校一起遴选，如宣城市、宁波市、钦州市；有的是劳动教育实践基地与研学实践教育基地一起遴选，如福建省、厦门市、武汉市、鹰潭市；还有的是劳动教育实践基地与研学实践教育基地融合，合二为一进行遴选，如石家庄市。

就遴选对象而言，一般为综合实践基地、青少年校外活动场所、职业院校和普通高等学校的劳动实践场所，也有其他各类企业或组织的场所。安徽省规定的申报范围包括行政区域内的各级各类科研院所、企事业单位、工业园区、科技及国防教育基地、科技馆、博物馆、美丽乡村、特色小镇、示范性农业基地、山林草场等较大规模的综合实践基地，及适合承接综合性学生劳动教育教学、实践活动，开展劳动教育教学模式研究探索的优质资源单位。长沙市规定提供学生参加生产劳动、服务性劳动的实践的企业、工厂农场等优质资源单位可以申报。石家庄市规定研学实践教育基地中开设家政、烹饪、手工、木工、种植、物品维修、非遗、志愿服务等生产、服务性劳动的实践类拓展课程，形成具有综合性、实践性、开放性、针对性劳动教育课程体系的劳动教育实践场所，可同时申报石家庄市中小学生劳动实践教育基地。厦门市规定申报范围为行政区域内的爱国主义教育基地、国防教育基地、革命历史类纪念设施遗址、优秀传统文化教育基地、文物保护开放单位、科技馆、博物馆、生态保护区、自然景区、美丽乡村、特色小镇、科普教育基地、科技创新基地、示范性农业基地、高等院校、科研院所、知名企业、各类青少年校外活动场所、大型公共设施、重大工程基地、影视艺术体验基地、运动拓展基地等。

就遴选条件而言，多个遴选通知附带了劳动教育基地建设与服务标准，如福建省、厦门市、长沙市等，各标准对劳动教育实践基地的法人资质、场地规模、配套设施、课程设置、师资配备、安全措施、管理规范等作出了要求。

7.3.2 遴选结果概览及分析

2021年，广东省共遴选75个劳动教育实践基地，上海市公布68个劳动教育实践基地，福建省共遴选37个劳动教育实践基地，山东省公布22个劳动教育实践基地，河北省公布12个劳动教育实践基地，浙江省遴选9个劳动教育实践基地（见图7-5）。另有一些省（区、市）劳动教育实践基地乃跨年度遴选，2022年初公布结果，比如湖北省公布9个，宁夏回族自治区公布23个。

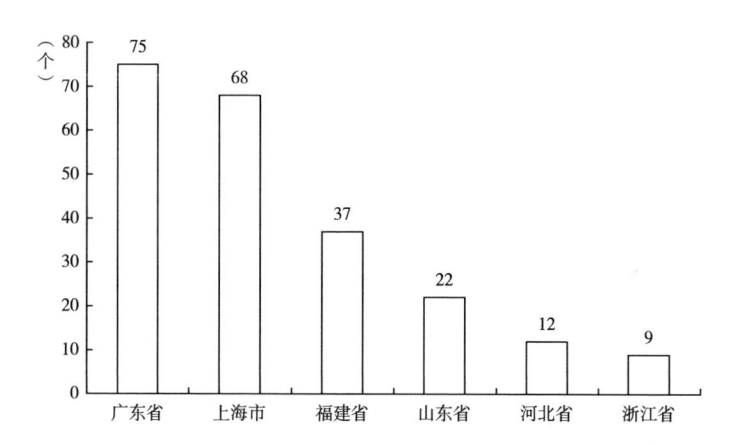

图7-5　2021年部分省份遴选出的劳动教育实践基地数量
资料来源：作者根据公开信息整理。

2021年劳动教育实践基地整体建设水平明显优于之前年份，主要体现在以下几个方面。一是地方政府高度重视劳动教育。之前劳动教育实践基地数量较少，各自建设，2021年劳动教育实践基地大量涌现，许多地方政府高度重视劳动教育实践示范基地的遴选、培养，并对劳动教育树德、增智、强体、育美的综合价值有了新的认识，出台建设和服务标准，统一要求，规范管理，大力推动劳动教育实践基地建设。二是劳动教育课程体系不断完善。各地在实践中不断创新，劳动教育已不仅仅局限于零星的实践载体和项目活动，逐步有规划、有课程、有实践、有评价、有考核，将劳动教育实践充分纳入学校教学计划和日常管理中。三是初步形成了一些特色项目和品牌。如一些劳动教育实践基地开设了家庭职业体验、四季研学课程、身边"一平米"劳动教育、"阳光三场"等课程，充分整合了区域文化和产业形态，具有良好的示范推广作用。

各实践基地也存在一些问题。如劳动教育实践基地倾向于提供低级、简单劳动，而高级、复杂劳动提供较少，服务对象大多集中在小学，而初中、高中覆盖面不广，呈现低学段、低龄化特点。同时，区域职业院校没有充分发挥提供劳动教育实践的资源优势，其辐射功能和开放性建设有待提升。高等教育学校劳动教育实践基地遴选开展得较少，据我们获取的有限信息，截至2021年底，仅发现福建师范大学进行了评审，西安培华学院参与了陕西省级大中小学劳动教育实践基地遴选，宿州学院参与了安徽省第一批省级学生劳动教育实践基地推荐。

7.4 劳动教育实践基地建设标准概览与分析

一些地区在遴选劳动教育实践基地的同时，也发布了基地的建设和服务标准，这些标准是基地规范运营的重要参照点。

7.4.1 标准概览

2021年8月9日，中国人生科学学会发布"全国校外劳动教育基地建设标准"——《校外劳动教育实践基地建设和服务认定规范》。在省级层面，2021年6月23日，陕西省教育厅印发《陕西省大中小学劳动教育实践基地建设指导意见》，含《陕西省大中小学劳动教育实践基地建设标准（试行）》；2021 年 11 月 24 日，广西壮族自治区开展第一批自治区中小学劳动教育实践基地、示范校推荐工作，同步发布了《广西中小学劳动教育实践基地建设标准》；2021 年 12 月 14 日，安徽省在开展第一批省级学生劳动教育实践基地推荐工作时发布了《第一批省级学生劳动教育实践基地建设与服务标准（试行）》。在市级层面，厦门市、长沙市、石家庄市、宣城市在 2021 年先后发布了劳动教育实践创建基地标准（见表 7-2）。

表 7-2　2021 年全国各地发布的劳动教育实践基地建设与服务标准

级别	文件名称	发布时间
学会	中国人生科学学会全国校外劳动教育实践基地建设和服务认定规范	2021 年 8 月
省级	江西省学校劳动实践基地标准化建设指标	2018 年 8 月
省级	广东省中小学劳动教育特色学校创建标准	2020 年 10 月
省级	陕西省大中小学劳动教育实践基地建设标准（试行）	2021 年 6 月
省级	广西中小学劳动教育实践基地建设标准	2021 年 11 月
省级	安徽省第一批省级学生劳动教育实践基地建设与服务标准（试行）	2021 年 12 月
市级	石家庄市劳动实践教育基地标准	2021 年 8 月
市级	长沙市中小学生劳动教育实践创建基地标准（试行）	2021 年 9 月
市级	厦门市中小学生劳动教育基地建设与服务标准（试行）	2021 年 10 月
市级	宣城市中小学生校外劳动教育实践基地申报基本条件	2021 年 12 月

7.4.2　现有标准的共同点

现有标准普遍在设立资质、设施条件、课程设置、师资配备、安全保障、效果评价等方面做出了相应规定（见表7-3）。在设立资质上，大部分基地标准对法人资质做了要求，一般要求具备法人资质，成立并正常运营1年以上。在设施条件上，一般要求基础设施配套齐全、布局科学合理，相关的教学仪器、劳动工具、设施设备性能完好，可供中小学生开展劳动实践的项目内容多、种类较为齐全。实践活动场所仪器设备按国家或行业有关标准、规范安装并布置，设备和器材布置安全、科学、规范、合理。在课程设置上，一般要求有主题课程，学生可以参与劳动教育实践活动，课程对不同学段（小学、初中、高中）的劳动教育实践有层次区分。在师资配备上，一般要求配有与接待学生相适应的专业辅导、讲解人员，能结合劳动实践教育要求进行讲解、示范和辅导教学，提供有针对性、互动性和引导性的指导服务。在安全保障上，一般要求制定安全预案，器材布置安全、科学、规范、合理。在效果评价上，一般要求建立学生劳动实践教育评价制度，落实课程计划，使学生掌握劳动技术，提高学生综合素质。

表7-3 现有劳动教育实践基地建设与服务标准的共同关注点与共同标准

共同关注点	共同标准
设立资质	具备法人资质，成立并正常运营1年以上
设施条件	基础设施配套齐全、布局科学合理，相关的教学仪器、劳动工具、设施设备性能完好，可供中小学生开展劳动实践的项目内容多、种类较为齐全。实践活动场所仪器设备按国家或行业有关标准、规范安装并布置，设备、器材布置安全、科学、规范、合理
课程设置	有主题课程，学生可以参与劳动教育实践活动，课程对不同学段（小学、初中、高中）的劳动教育实践有层次区分
师资配备	配有与接待学生相适应的专业辅导、讲解人员，能结合劳动实践教育要求进行讲解、示范和辅导教学，提供有针对性、互动性和引导性的指导服务

续表

共同关注点	共同标准
安全保障	制定安全预案，器材布置安全、科学、规范、合理
效果评价	建立学生劳动实践教育评价制度，落实课程计划，使学生掌握劳动技术，提高学生综合素质

7.4.3 现有标准的不同点

现有标准差异较大，简详不一。中国人生科学学会的全国校外劳动教育基地建设标准较为严格，该标准对基本要求、硬件设施、教育产品服务、配套服务、安全管理体系、认定管理体系做了严格规定。在基本要求上，基地应建立健全的内部管理制度，具有固定的管理机构和人员，设置专人负责食品安全、应急安全等安全管理工作，教学仪器、劳动工具、设施设备性能完好，应采用信息化手段，应与相关部门、科研院所、学校、社会团体、企事业单位等建立长期合作关系，定期组织劳动教育活动，提高基地的利用率。应制定健全的人才队伍制度，对教职人员和服务人员均有不同的要求。在硬件设施上，提出应选址安全、交通便利，基地建筑防火要求及消防设施的设置，应满足 GB50016—2014《建筑设计防火规范》中第 5 章和第 7 章、GB 50099—2011《中小学校设计规范》中第 8 章要求，室内空气质量应符合 GB/T 18883—2002《室内空气质量标准》、GB 50325—2020《民用建筑工程室内环境污染控制标准》的规定，声环境质量应满足 GB 3096—2008《声环境质量标准》规定的 3 类声环境功能区噪声限值。应配置适宜数量、合理分布的厕所，符合 GB 50099—2011《中小学校设计规范》的要求。在教育产品服务上，基地应根据校外劳动教育实践课程要求，全面客观记录校外劳动教育实践过程和结果，可组织开展劳动技能和劳动成果展示、劳动竞赛等活动。在配套服务上，提供交通服务、餐饮服务、住宿服务的基地，均应达到相应标准。在安全管理体系上，基地应建立安全管理机制，设置安全管理机构，建立安全事故上报机制和安全责任机制，配备安全管理人员和巡查人员，有常态化安全检查机制和安全知识辅导培训，制定劳动教育活动安全预警机制和应急预案，具备完善的信息安全保护措施，为学生购买在基地活动的公共责任险。应配置与其规模相适应的安全设施，包括应急照明灯、应急交通工具、应急通信设备、安全指引标识等，配备齐全且正常运行消防栓、灭火器、逃生锤等消防设备。具备必要的医疗及救助资源，建立紧急救援机制，并符合相应要求。做好交通安全和物品卫生安全。在认定管理体系上，需建立全面的档案资料，定期进行自我评估，选择第三方机构进行认定评审，持续开展劳动教育活动，定期提交工作计划和总结。与中国人生科学学会的标准相比，其他基地的建设与服务标准篇幅较短，但更加具体，不仅有框架性要求，也在多个方面列出明确的规定。

各基地对规模条件要求不同，有的要求占地面积10亩或建筑面积500平方米以上，能同时接待100名以上中小学生参加劳动教育实践活动，室内活动场所生均使用面积达到2平方米以上，如《宣城市中小学生校外劳动教育实践基地申报基本条件》；有的仅要求基地每期能同时容纳100名学生开展劳动实践教育活动，没有论及生均活动面积，如《厦门市中小学生劳动教育基地建设与服务标准（试行）》；有的要求基地可一次性容纳300人以上开展劳动教育实践活动，室内生均活动面积不小于3平方米，如《广西中小学劳动教育实践基地建设标准》《安徽省第一批省级学生劳动教育实践基地建设与服务标准（试行）》《陕西省大中小学劳动教育实践基地建设标准（试行）》；有的要求基地有多种形式的实践场所（如田地、林地、苗圃、果园、水塘、牧场、菜园、温室、大棚、花卉、药园等3项及以上），场所达到农村小学 5 亩、中学 10 亩，城镇小学不少于 2 亩、中学不少于 5 亩的标准，场所办有土地证、林权证或 5 年以上土地承包或租用协议（3 年以上有效期），如《江西省学校劳动实践基地标准化建设指标》。

课程设置数量不同，有的规定至少具备 8 个主题明确（生产劳动、服务性劳动等）、目标具体、内容充实、体系完备，能够覆盖全学段、各年级的主题劳动教育课程，如《广西中小学劳动教育实践基地建设标准》《安徽省第一批省级学生劳动教育实践基地建设与服务标准（试行）》；有的规定至少有 6 个适合中小学生劳动实践教育的主题课程，如《石家庄市劳动实践教育基地标准》。

师资配备要求不同，有的要求按照最大接待量师生比 1∶20 配备基地指导教师，实行专兼职结合，如《安徽省第一批省级学生劳动教育实践基地建设与服务标准（试行）》和《陕西省大中小学劳动教育实践基地建设标准（试行）》；有的要求按照最大接待量师生比 1∶30 配备基地指导教师，如《广西中小学劳动教育实践基地建设标准》；有的没有具体数量要求，如《厦门市中小学生劳动教育基地建设与服务标准（试行）》《石家庄市劳动实践教育基地标准》《宣城市中小学生校外劳动教育实践基地申报基本条件》。

发展规划不同，《厦门市中小学生劳动教育基地建设与服务标准（试行）》和《石家庄市劳动实践教育基地标准》要求基地编有近中期（3~5 年）发展规划，规划内容涵盖教学计划、课程体系、保障体系等核心内容，目标明确、措施可行；基地对中小学生劳动实践教育活动有计划、有安排、有措施、有落实。《江西省学校劳动实践基地标准化建设指标》要求有 3 年以上的劳动实践场所建设发展规划，纳入学校整体发展规划。其他标准中大多没有要求有发展规划。

配套设施及周边配套资源要求不同，中国人生科学学会的全国校外劳动教育基地建设标准要求最高，要求提供交通服务、餐饮服务、住宿服务的基地均应达到相应标准，如应有县级及以上的直达公路，站牌标识醒目；学生食堂（餐厅）卫生环境及食品采购、储存、加工条件等应符合《学校食堂与学生集体用餐卫生管理规定》；学生宿舍应配有沐浴设施、床铺及床上用品、存储柜等。其他标准中的相关要求相对较少，或仅要求基地交通便利，安全性高，附近（15公里内）有医院，内外环境和谐、劳动教育氛围浓厚，如《厦门市中小学生劳动教育基地建设与服务标准（试行）》。

经费保障要求不同，有的规定基地主管部门（基地所在地政府）加大对基地建设经费的投入，建设经费纳入年度预算，日常运转经费来源稳定，如《陕西省大中小学劳动教育实践基地建设标准（试行）》《石家庄市劳动实践教育基地标准》《厦门市中小学生劳动教育基地建设与服务标准（试行）》。《安徽省第一批省级学生劳动教育实践基地建设与服务标准（试行）》也有类似要求，并且特别要求坚持公益性，对中小学生开展的劳动实践教育活动只收取基本费用，对贫困家庭学生实行费用减免。公益性这一规定在《长沙市中小学生劳动教育实践创建基地标准（试行）》中也得到了体现。

7.5 总结与评析

2021年全国各地新的劳动教育实践基地大量涌现，延续了前几年的增长态势。各类劳动教育实践基地定位不同、功能不同，各类实践项目丰富多彩，特色各异。为推进实践基地规范发展，一些省区市举办优秀实践基地遴选活动，并发布实践基地建设标准，对现有实践基地和后续新建基地的建设和发展起到了一定的规范和引领作用。未来，各类劳动教育实践基地需紧密对接育人需求，从多方面加强保障,规范运营。

一是要选址科学,具备资质。周边公共设施比较完善,距离医院不宜过远。交通便利、安全性高,通信设施齐全且畅通。基地周边环境安全,无危险建筑,无地质灾害隐患,远离不利于学生身心健康的娱乐场所。基地内环境整洁,布局合理,功能区明晰,无污水、污物,无异味。基地内外环境和谐,劳动文化氛围浓厚。提供交通服务、餐饮服务、住宿服务的基地要达到相应标准。要具备法人资质,成立并正常运营一段时间。

二是要设备齐全,设施完整。基础设施需配套齐全、布局科学合理。需具备相关的教学仪器,劳动工具、设施设备性能完好,可供中小学生开展劳动实践的项目内容多、种类较为齐全。实践活动场所仪器设备按国家或行业有关标准、规范安装并布置,设备和器材布置安全、科学、规范、合理。配备有医务室、专职医护人员和基本医疗用品,能处理一般伤病。

三是要课程丰富,活动多样。实践基地要有主题课程,有完整的课程方案,课程具有系统性、科学性、知识性、趣味性,具备课程目标、内容简介、实施流程、问题研究、分享展示及总结评价等课程要素。课程对不同学段(小学、初中、高中)的劳动教育实践有层次区分,对学生实践学习流程、时间安排、项目编排有合理安排。

四是要师资充足,富有经验。实践基地需配备接待学生的专业辅导人员、讲解人员,能结合劳动实践教育要求,进行讲解、示范和辅导教学,提供有针对性、互动性和引导性的指导服务。建立劳动教育指导教师培训培养制度,定期开展教职人员培训,注重从业人员业务素养和能力提升。合理吸收在校大学生、能工巧匠、非遗传承人、劳动模范等成立专兼职结合的劳动教育师资队伍。

五是要保证安全,保障充分。针对学生劳动实践、生活食宿、休闲活动等，建有完整的责任到人、分工具体的安全管理教育制度。基地设施选择、材料选用、工具设备和防护用品使用、活动流程等方面制定安全、科学的操作规范。对劳动教育活动各环节均有安全处置预案，并报上级主管部门备案。配备专职安保人员，定期组织安全教育和应对突发事件安全演练。紧急救援和消防设施设备齐全，性能良好，安全警告和危险标志、标识醒目、明了，消防验收手续等证件齐全。物防、技防配备齐全，安全说明或须知等要求明确、具体。要制定安全预案，建有紧急救援体系，内部救援电话公布并畅通有效，建有畅通的紧急运送途径。

六是要科学评价，以评促练。效果评价上，要建立学生劳动实践教育评价制度，有评价成绩和学生劳动表现鉴定，能及时对学生劳动素养进行科学评价并将结果及时反馈给学校，落实课程计划，使学生掌握劳动技术，提高学生综合素质。举办生活技能比赛和劳动技能展示活动。学生有心得体会，有课业作品，在完成作品中提高实践能力。

8 发展展望：多措并举推动
劳动教育走深走实

2021年，我国劳动教育政策体系更加健全，各方协同推进劳动教育的力度得以加大，劳动教育开展形式更加多元，劳动教育师资队伍建设步伐加快，支撑保障体系建设更加完善。但在劳动教育实施体系建设、师资队伍培养、学术研究发展、实践基地建设及家校社协同发展等方面还存在发展瓶颈，未来需要有针对性地解决这些问题，切实推动劳动教育的高质量发展。

8.1 构建大中小学贯通的劳动教育实施体系

2021年我国劳动教育实施体系建设呈现三个显著特点：一是各级各类学校加强对劳动教育的总体部署，一定程度上形成校内多部门联动推进协调发展的格局；二是各级各类教育普遍重视劳动教育实践活动，积极挖掘实践活动的育人价值；三是高校积极探索将劳动教育与专业教育相融合，一些学校还考虑学生年龄特点，将劳动教育课程和实践活动有序安排在不同年级，落实全过程育人，在全国形成一些值得借鉴的经验。

但同时，劳动教育实施体系建设还存在一定的不足，各学段劳动教育有效衔接问题没有得以解决，大中小各学段仍然各自为营，缺乏合理有效的贯通机制，甚至还存在简单重复、相互脱节、前后倒挂现象。比如，一些高校在劳动教育实践内容和方式上容易与中小学混同化，认为大学生扫扫宿舍、做好个人卫生就算是开展劳动教育了，即存在"有劳动、无教育"的现象。这些认识上和方法上的误区都在很大程度上削弱了学校劳动教育的系统性和有效性。此外，我国目前已经颁发了义务教育阶段的劳动教育课程标准，但高校还没有出台明确的标准，这不利于劳动教育实施体系的进一步完善。

中共中央、国务院《关于全面加强新时代大中小学劳动教育的意见》强调，将劳动教育纳入人才培养全过程，贯穿大中小学各学段，统筹推进大中小学劳动教育一体化，反映了时代发展的需要，劳动教育一体化可以从以下几方面入手。

一是要优化劳动教育的顶层设计。教育行政管理部门要统筹规划，充分发挥各级教育行政管理部门的主导作用，提高政府在大中小学劳动教育一体化发展中的制度供给与政策保障能力，要尽快出台高校劳动教育课程标准，合理规划与组织教师队伍的建设与培训，在人财物和制度方面确保劳动教育的有效开展。

二是要注重教学内容的有序衔接。课堂教学要体现教育的阶段性与整体性统一，小学阶段重在"劳动与生活"教育，培养学生热爱劳动的意识；初中阶段重在"劳动与技能"教育，激励学生掌握劳动方法；高中阶段重在"劳动与职业"教育，帮助学生形成尊重劳动的品质；大学阶段重在"劳动与社会"教育，培养学生马克思主义劳动观，各学段要形成有机统一的整体。

三是要完善评价机制。学校既要关注劳动知识与技能学习的最终结果，更要注重过程评价，关注学生在德智体美劳各个方面的发展进步，重视学生个性的养成，要注重评价内容、评价方法的科学性，通过评价激励学生不断改进劳动观念，不断完善和修正自身行为，促进学生全面发展。学校应将劳动教育纳入综合素质评价体系,聚焦劳动考核实施细则的制定,搭建包含劳动过程、劳动成果、劳动技能、创新技能等量化的考核体系;同时,建立健全劳动教育评价的审核、公示制度,让劳动教育评价可监测、可追溯,保证评价的公平公正公开,充分调动学生的劳动积极性,培养学生的劳动兴趣。劳动教育教师作为新的教师群体,或在原有工作范围内兼任新的工作内容,需建立健全评价考核体系,实施分类评价标准。

8.2 着力加强劳动教育师资队伍培养

建设劳动教育本科专业是切实加强劳动教育的深层保障,劳动教育要真正走深走实、可持续健康发展,必须培养出一批专业化人才队伍。当前,相对于不断增加的劳动教育师资需求来说,我国劳动教育师资队伍严重缺乏,急需培养能胜任本科教育和研究生教育的劳动教育专业教师队伍。为此,在加强劳动教育师资队伍培养方面应做好如下工作。

一是加强劳动教育相关学科建设。劳动教育本科教育是培养以劳动科学、教育科学为底色的专业人才,培养马克思主义理论基础扎实、思想政治素质过硬、劳动情怀深厚的时代新人,高校劳动教育本科专业培养必须突出"厚基础、宽口径"的总体思路。目前,教育部批准中国劳动关系学院和天津职业技术师范大学两所院校开设劳动教育本科专业,毕业获得教育学学士学位。未来还应有更多的高校陆续开设劳动教育专业,高校要充分认识到设置劳动教育本科专业的重大意义,科学构建劳动教育本科专业的课程体系,夯实劳动教育本科专业建设的学科支撑。

二是支持行业企业参与人才培养。企业参与教育培养一直是劳动教育的重要特征和重要制度，总体来看，为学校提供兼职教师、参与专业课程与教材建设、与学校共建实训基地、共同制定人才培养方案、赠送教学设备、教师到企业实习等多种形式为当前企业参与劳动教育人才培养的最普遍形式。行政部门要加快激励政策出台的步伐，健全制度运行机制，增强企业参与劳动教育的主动性和积极性，要积极推动新时代劳动教育由"以政府举办为主向政府统筹管理、社会多元办学的格局转变"，实现劳动教育组织实体类型化。可以试点布局产教融合型城市，在试点城市及其所在省域内打造一批区域特色鲜明的产教融合型行业，在全国建设培育产教融合型企业，为产教融合制度和模式创新提供可复制可借鉴的经验。

三是培训劳动教育专职和兼职教师。劳动教育要注重打造一支专业理论水平高、实践能力强的师资队伍，专业授课教师应由实践经验丰富的专职和兼职教师组成。专职教师可以从现有教师队伍中抽调转行的劳动教育教师参加专项培训，主要来源于高等教育院校培养的劳动教育专业师资，专职教师既需具备教师资格证，还需定期到相关企业进行实践，密切与企业联系以及时更新专业知识和行业技能。兼职教师则主要来源于企业或生产一线的高素质高技能技术人员，对新入职的劳动教育教师进行岗前培训，兼职教师要具有专业工作经验、合格的专业技术资格和较强的现场操作能力。

8.3 大力提升劳动教育学术研究水平

2021年我国关于劳动教育的学术研究成果明显增多，研究领域不断扩大。研究领域主要集中于劳动教育思想研究、劳动教育国际比较研究、家庭劳动教育研究以及幼儿劳动教育研究等领域，为劳动教育的深入开展提供理论和实践借鉴。劳动教育学术研究的关注点更加务实，从劳动教育"是什么""为什么要开展"向劳动教育"做什么""怎么做好"转变。学界还对劳动教育课程建设中"教什么""谁来教""怎样教"等问题进行了深入的讨论和研究，推动劳动教育课程体系建设。形成各级教育行政部门大力支持、更多院校参与的学术氛围，在劳动教育师资培养、劳动教育课程体系建设、劳动教育实践基地开发等方面展开深入探讨。

当前劳动教育学术研究中仍存在一些较少涉及的领域，需要学者的关注和研究：一是缺少在劳动教育中体现中国特色、时代特征，融入科技发展成果的相关研究；二是对于劳动教育社会性的研究不足，缺少对劳动教育与生产劳动相结合的实践路径研究，缺乏对学生参加真实劳动的思考，深入研究不多；三是缺少对普通劳动者、党员领导干部开展劳动教育提升综合素质、加强与人民群众的血肉联系的研究；四是对劳动教育的学科融合研究不够深，未能有效挖掘利用各个学科中独特的劳动教育资源；五是对劳动教育师资建设的研究不够深入，对如何扩大师资队伍、有效提升教师劳动教育意识和素养思考不多，未能打开新局面。

未来在加强劳动教育学术研究方面，建议从以下几方面着手推进。一是在研究领域方面，要重点加强对学生劳动理念确立的研究、劳动精神培育的研究、学生良好劳动习惯的研究、劳动教育与教学规律和人才培养关系的研究、劳动教育与市场经济发展的研究、劳动教育内容安排和要求的研究等，通过不断开拓理论研究，推进各学段依次递进、贯通一致的劳动教育制度和先进的科学理论的形成，推进劳动教育的规范化发展。二是要建设劳动教育研究基地，通过规范化运营，对其中的内容进一步完善，能量化的尽可能量化，减少定性描述的内容。一方面有利于相关部门及时掌握劳动教育工作推进的现状，及时发现工作中的问题并进行整改；另一方面也可以为国家遴选产教融合型企业提供相关依据，让更多有实力和有社会责任感的企业参与到职业教育中来。三是要以学术交流促科学研究，要丰富会议主题内容，针对高等教育、职业教育和基础教育等不同学段有所侧重，高等教育注重劳动教育高质量发展，职业教育关注劳动教育课程体系建设，基础教育则侧重于培养劳动习惯，发挥劳动的独特育人价值，设计出"贯通大中小学各学段，贯穿家庭、学校、社会各方面，与德育、智育、体育、美育相融合，紧密结合经济社会发展变化和学生生活实际"的教育内容。

8.4 进一步规范劳动教育实践基地建设管理

让学生动手实践、出力流汗是劳动教育不可缺少的内容，学生要经历完整的劳动过程，就需要有与之配套的实践基地和设施设备。劳动教育实践基地在劳动教育中具有不可替代的重要作用，是开展劳动教育的基础和必备条件。2021年我国劳动教育实践基地的建设有以下几个显著特点。一是实践基地数量取得突破性进展。首先是加强现有资源的合理整合，包括对中小学现有综合实践基地、研学基地、青少年校外活动场所、职业院校和普通高等学校实习实践场所进行整合改建，充分发挥现有资源的利用效率。其次是新建实践基地，包括政府创办、有条件的学校自建和企业创办等方式，新建基地能够充分结合新时代劳动教育的特点和要求；加快劳动教育研学旅行基地建设，研学旅行市场渐入活跃期，丰富了劳动教育实践活动的渠道和平台。二是地方政府高度重视劳动教育。各级政府加强劳动教育实践示范基地的遴选、培养，出台建设和服务标准，统一要求，规范管理。三是各地在实践中不断创新劳动教育课程体系，将劳动教育实践充分纳入学校教学计划和日常管理中。四是形成一些特色项目和品牌，充分整合区域文化和产业形态,建成定位不同、功能不同、实践项目各具特色的细分化实践基地。

与此同时,实践基地建设也存在一些问题。例如,劳动教育实践基地服务对象主要集中于小学阶段,而初中、高中的实践基地相对缺乏,职业院校也没有充分发挥劳动教育实践基地的资源整合优势,高等教育学校劳动教育实践基地数量不充足等。教育行政主管部门尽管发布了实践基地建设标准,但在规范现有实践基地和新建基地的建设和发展、对接实践育人的需求方面,还没有充分发挥出应有的作用。

未来,在劳动教育实践基地建设方面还需要着力做好以下工作:一是教育行政部门应科学细化实践基地标准,从选址科学、设备齐全、设施完整、课程丰富、活动多样、师资充足、富有经验、保证安全、保障充分、科学评价、以评促练等方面进行规范设计;二是各级各类教育部门应加强劳动教育资源协同建设,特别是职业学校拥有丰富的劳动教育实践资源,应该加强与其他各级教育的合作共享;三是地方政府应充分发挥统筹管理的职能作用,以区域经济发展需求为导向,加强特色化劳动教育实践基地的整合和建设,为各级各类学校的劳动教育提供充足的实践平台。

8.5 切实完善家校社协同育人机制

劳动教育是提高劳动者素质的根本之道,尊重知识、尊重人才、尊重创造的同时要尊重劳动,才能从根本上解放和发展生产力,取得经济的迅速发展,才能解决人民群众日益增长的美好生活需要同不平衡不充分的生产力发展之间的矛盾,才能实现劳动者的自由全面发展。劳动教育需要家校社协同发力,拧成一股绳。

高校应主动承担责任,探索劳动教育新模式。同时,优质的劳动教育需要与产业合作、与行业合作,为学生提供在真实工作场景中学习的机会,这有利于学生提高劳动技能水平以应对未来工作。应当加强企业和劳动教育机构的合作协同,创新性地提供全方位的线上和线下劳动教育课程。通过全面实施劳动教育培训体系改革,提供更多门类和级别的线上及线下混合式教学,使劳动教育系统能更为积极地回应行业及学生的需求。同时,要注重开发、维持行业资源,与时俱进地紧密联系行业需求,并及时按照市场用人需求调整人才培养方案,与企业通力协作共同培养劳动教育人才。作为企业来说,可以劳动创新工作室、大国工匠创新联盟等平台,积极支持本行业的劳动技能大赛,对参赛选手给予培训支持,同时对优秀选手给予奖励,或者直接聘任入职等。

群团组织应积极参与到劳动教育中,帮助企业树立人力资源等社会主义市场经济新兴概念的劳动观念教育,面向全体青少年和职工,组织开展劳动技能培训,参与社会保障体系建设。群团组织要发挥传统的劳动宣传教育和干部劳动培训教育作用,把劳动教育对象扩展为全体青少年和职工,劳动教育手段和方式进行市场化和社会化的革新,创造性地开展劳动教育培训工作。工会组织应立足工会职能定位,搭建体现工会特色的劳动实践平台,将劳动教育融入工会院校教育培训全过程。各级工会院校要进一步加大工会干部劳动教育培训力度,要发挥新时代工匠学院和职工学校在开展劳动教育中的特殊作用,打造线上线下融合的高技能人才培养平台,引导职业院校开放实训场所,承接大中小学集中开展劳动教育。共青团组织要切实发挥对青少年的引领作用,教育应该为社会主义现代化建设服务,教育事业必须同国民经济发展要求相适应。

各类培训机构的素质教育市场在劳动教育中大有可为。在"双减"政策之下,教培机构向素质教育转型已是大势所趋,培训机构拥有各行业的学历及非学历培训项目,其课程资源丰富,涵盖如农业环境、建筑业、创意艺术、教育、商业管理、工程、食品业、酒店服务业、健康保障、信息技术及自然物理科学等领域,是优质的劳动教育社会资源。培训机构通过各类实践劳动教育基地、研学旅行基地等开发项目参与劳动教育,实施劳动教育个性化方案,注重理论与实践一体化劳动教育教学。此外,还可以培养学生的职业技能,鼓励支持学生参加职业技能大赛,塑造他们的职业能力和职业心理,展示培训实力和就业竞争力。

大力营造良好的劳动文化氛围。形成全社会尊重劳动与劳动者的良好社会氛围是时代的迫切要求,也是实现中华民族伟大复兴"中国梦"的基础保证。国家需要尽早出台一系列政策,切实维护好劳动人民的合法劳动权益,进一步健全劳动关系协调机制,完善劳动保护机制。大众媒体要在全社会广泛树立劳动模范典型,积极弘扬社会主义劳动价值观,教育和感化青少年。家庭和个人要通过理论学习、文化教育、技能培训和职业道德建设不断提高自身劳动修养。

附录 义务教育劳动课程标准
（2022年版）

目　录

一　课程性质

二　课程理念

三　课程目标

　　（一）核心素养内涵

　　（二）总目标

　　（三）学段目标

四　课程内容

　　（一）第一学段（1~2年级）

　　（二）第二学段（3~4年级）

　　（三）第三学段（5~6年级）

　　（四）第四学段（7~9年级）

五　劳动素养要求

六　课程实施

　　（一）劳动项目开发建议

　　（二）劳动过程指导建议

　　（三）劳动周设置建议

　　（四）学校与家庭、社区协同开展劳动教育建议

（五）课程评价建议

（六）课程资源开发与利用建议

（七）教学研究与教师专业发展建议

一　课程性质

劳动是创造物质财富和精神财富的过程，是人类特有的基本社会实践活动。劳动教育是发挥劳动的育人功能，对学生进行热爱劳动、热爱劳动人民的教育活动。劳动教育是中国特色社会主义教育制度的重要内容，是全面发展教育体系的重要组成部分，对全面贯彻党的教育方针、落实立德树人根本任务、培养德智体美劳全面发展的社会主义建设者和接班人具有重要的意义。

劳动课程是实施劳动教育的重要途径，具有鲜明的思想性、突出的社会性和显著的实践性，在劳动教育中发挥主导作用。义务教育劳动课程以丰富开放的劳动项目为载体，重点是有目的、有计划地组织学生参加日常生活劳动、生产劳动和服务性劳动，让学生动手实践、出力流汗，接受锻炼、磨炼意志，培养学生正确的劳动价值观和良好的劳动品质。

二　课程理念

1. 坚持育人导向

以习近平新时代中国特色社会主义思想为指导，注重挖掘劳动在树德、增智、强体、育美等方面的育人价值，将培养学生的劳动观念、劳动精神贯穿课程实施全过程，引导学生树立正确的劳动价值观，崇尚劳动、尊重劳动，增强对劳动人民的感情，发展创新意识，提升实践能力和社会责任感，成为懂劳动、会劳动、爱劳动的时代新人。

2. 构建以实践为主线的课程结构

围绕日常生活劳动、生产劳动和服务性劳动，根据学生经验基础和发展需要，以劳动项目为载体，以劳动任务群为基本单元，以学生经历体验劳动过程为基本要求，构建覆盖三类劳动，学段进阶安排、有所侧重的课程结构。

3. 加强与学生生活和社会实际的联系

课程内容选择应坚持因地制宜，宜工则工，宜农则农。注重培养学生自理、自立能力，选择日常生活劳动内容；注重从时令特点和区域产业特色出发，选择工农业生产劳动内容；注重培养学生社会责任感，选择学生力所能及的公益劳动和现代服务业劳动内容；注重选择体现中华优秀传统文化和工匠精神的手工劳动内容，适当引入体现新形态、新技术、新工艺等的现代劳动内容。

4. 倡导丰富多样的实践方式

劳动课程强调学生直接体验和亲身参与，注重动手实践、手脑并用，知行合一、学创融通，倡导"做中学""学中做"，激发学生参与劳动的主动性、积极性和创造性。注重引导学生从现实生活的真实需求出发，亲历情境、亲手操作、亲身体验，经历完整的劳动实践过程，避免单一、机械的劳动技能训练，避免简单的劳动知识讲解，避免缺少实践、过于泛化的考察探究。注重引导学生通过设计、制作、试验、淬炼、探究等方式获得丰富的劳动体验，习得劳动知识与技能，感悟和体认劳动价值，培育劳动精神。

5. 注重综合评价

注重评价内容多维、评价方法多样、评价主体多元。既要关注劳动知识技能，更要关注劳动观念、劳动习惯和品质、劳动精神；既要关注劳动成果，更要关注劳动过程表现。重视平时表现评价与学段综合评价结合，定性评价与定量评价结合。以教师评价为主，鼓励学生、其他学科教师、家长等参与到评价中。

6. 强化课程实施的安全保障

重视劳动课程的安全保障体系建设，强化学生劳动安全意识的培养，注重劳动课程实施中工具、材料、流程及场所的安全保障，制订劳动实践活动风险防控预案并建立应急与事故处理机制，确保劳动课程安全有序实施。

三　课程目标

劳动课程围绕核心素养，体现课程性质，反映课程理念，确立课程目标。

（一）核心素养内涵

劳动课程要培养的核心素养，即劳动素养，主要是指学生在学习与劳动实践过程中逐步形成的适应个人终身发展和社会发展需要的正确价值观、必备品格和关键能力，是劳动课程育人价值的集中体现，主要包括劳动观念、劳动能力、劳动习惯和品质、劳动精神。

1. 劳动观念

劳动观念是指在劳动实践中逐渐形成的，对劳动、劳动者、劳动成果等方面的认知和总体看法，以及在此基础上形成的基本态度和情感。主要表现为：学生能尊重劳动，尊重普通劳动者，了解不同职业劳动者的辛苦与快乐，理解"三百六十行，行行出状元"的道理；能正确理解劳动对于个人生活、家庭幸福、社会进步、国家富强和人类发展的意义，懂得劳动创造人、劳动创造财富、劳动创造美好生活的道理；能崇尚劳动，牢固树立劳动最光荣、劳动最崇高、劳动最伟大、劳动最美丽的观念。

2. 劳动能力

劳动能力是指顺利完成与个体年龄及生理特点相适宜的劳动任务所需的胜任力，是个体的劳动知识、技能、行为方式等在劳动实践中的综合表现。主要表现为：学生具备基本的劳动知识和技能，能正确使用常用的劳动工具；能在劳动实践中增强体力，提高智力和创造力，具备完成一定劳动任务所需要的设计能力、操作能力及团队合作能力。

3. 劳动习惯和品质

劳动习惯和品质是指通过经常性劳动实践形成的稳定行为倾向和品格特征。主要表现为：学生具有安全劳动、规范劳动、有始有终等习惯；养成自觉自愿、认真负责、诚实守信、吃苦耐劳、团结合作、珍惜劳动成果等品质。

4. 劳动精神

劳动精神是指在劳动观念、劳动能力、劳动习惯和品质的培养过程中形成和发展的，在劳动实践中秉持的关于劳动的信念信仰和人格特质。主要表现为：学生能领会"劳动是一切幸福的源泉""幸福是奋斗出来的"的内涵与意义；继承中华民族勤俭节约、敬业奉献的优良传统；弘扬开拓创新、砥砺奋进的时代精神；感知爱岗敬业、甘于奉献的劳模精神；培育百折不挠、艰苦奋斗的革命精神，以及精益求精、追求卓越的工匠精神。

核心素养的四个方面相互联系、相辅相成，构成一个有机整体。

（二）总目标

1. 形成基本的劳动意识，树立正确的劳动观念

形成对劳动与人类生活、社会发展、个人成长之间关系的正确认

识，懂得人人都要劳动、劳动创造财富、劳动创造美好生活等基本道理；体验劳动的艰辛和快乐，形成劳动效率意识、劳动质量意识；具有热爱劳动、热爱劳动人民、尊重普通劳动者的积极情感；树立劳动最光荣、劳动最崇高、劳动最伟大、劳动最美丽的观念。

2. 发展初步的筹划思维，形成必备的劳动能力

能从目标和任务出发，系统分析可利用的劳动资源和约束条件，制订具体的劳动方案，发展初步的筹划思维，发展基本的设计能力；能使用常用工具与基本设备，采用一定的技术、工艺与方法，完成劳动任务，形成基本的动手能力；能综合运用多学科知识和多方面经验解决劳动中出现的问题，发展创造性劳动的能力；在劳动过程中学会自我管理、团队合作。

3. 养成良好的劳动习惯，塑造基本的劳动品质

能自觉自愿地劳动，养成安全规范、有始有终的劳动习惯；体悟劳动成果的来之不易，珍惜劳动成果；能辛勤劳动、诚实劳动、协作劳动和创造性劳动，养成吃苦耐劳、持之以恒、责任担当的品质。

4. 培育积极的劳动精神，弘扬劳模精神和工匠精神

通过持续性劳动实践，培养勤俭、奋斗、创新、奉献的劳动精神；具有继承中华民族勤俭节约、敬业奉献优良传统的积极愿望；弘扬爱岗敬业、甘于奉献的劳模精神和精益求精、追求卓越的工匠精神；具有不畏艰辛、锐意进取、为社会发展和国家建设付出辛勤劳动的奋斗精神。

（三）学段目标

1. 第一学段（1~2年级）

（1）懂得人人都要劳动、劳动成果来之不易的道理。初步感知劳动的艰辛与乐趣，学会尊重他人的劳动付出。喜欢劳动，具有主动劳

动、积极参加劳动的愿望。

（2）完成比较简单的个人物品整理与清洗，居室、教室等卫生保洁、整理与收纳，以及垃圾分类等劳动任务，参与简单的家庭烹饪。形成"自己的事情自己做"的意识，具有初步的个人生活自理能力。

（3）关心、照顾身边常见动植物，初步形成关爱生命、热爱自然的意识。参与简单的手工制作活动，初步学会规范使用相应工具。对工艺制作具有一定的好奇心。

（4）参与班级集体劳动，主动维护教室内外环境卫生，初步形成以自己的劳动服务他人的意识。

（5）在劳动过程中遵守纪律，不怕脏、不怕累，具有初步的劳动安全意识，初步养成有始有终、认真劳动的习惯。

2. 第二学段（3~4年级）

（1）懂得"一分耕耘，一分收获"的道理。体会劳动光荣、劳动无高低贵贱之分的道理，认识到美好生活离不开各行各业的劳动者。尊重劳动，尊重普通劳动者，初步形成热爱劳动的态度。

（2）养成良好的个人清洁卫生习惯。认识常用家用器具，掌握家用小器具的使用方法，具有家用电器使用安全意识和初步的器具保养意识。主动分担家务，协助参与家庭环境卫生清洁，能制作简单的日常饮食，初步学会简单的家务劳动技能，形成生活自理能力。

（3）初步体验简单的种植、养殖、手工制作等生产劳动，能规范地使用常用的劳动工具，了解常用材料的作用与特征，对劳动过程中遇到的问题具有好奇心和探究欲望。

（4）参加校园卫生保洁、垃圾分类处理、绿化美化等劳动，适当参加社区环保、公共卫生维护等力所能及的公益劳动，初步体验简单的现代服务业劳动，初步形成公共服务意识。

（5）懂得在劳动中遵规守约，初步学会与他人合作劳动。珍惜劳动成果，初步养成有始有终、专心致志的劳动习惯和品质。

（6）在劳动过程和日常生活中做到勤俭节约、不怕困难。

3. 第三学段（5~6年级）

（1）懂得劳动创造财富、劳动来不得半点虚假、"业精于勤荒于嬉"等道理。认识到劳动者是国家的主人，"三百六十行，行行出状元"，体会普通劳动者的光荣与伟大。初步树立劳动最光荣、劳动最崇高、劳动最伟大、劳动最美丽的观念。

（2）掌握家庭生活中常用的清洁与卫生、整理与收纳基本技能。了解家庭常用器具的功能特点，规范、安全地操作与使用。初步掌握基本的家庭饮食烹饪技法，制作简单的家常餐，具有食品安全意识。进一步增强生活自理能力和家务劳动能力，初步具有家庭责任感。

（3）进一步体验种植、养殖、手工制作等生产劳动，能根据劳动任务选择合适的材料和工具、技术与方法，安全、规范、有效地开展劳动，初步养成持之以恒的劳动品质。

（4）主动参加校园卫生保洁和环境美化等劳动，积极参加社区环保、公共卫生维护等力所能及的公益劳动，进一步体验新技术支持下的现代服务业劳动，形成关爱他人、积极参与社区建设的劳动意识和能力，增强公共服务意识，初步形成社会责任感。

（5）根据劳动目标确定劳动任务，制订劳动计划，并根据劳动过程的进展情况适时优化调整，初步形成劳动效率意识和劳动质量意识，初步形成爱岗敬业、乐于奉献的精神。

（6）在集体劳动中团结协作，提升与他人合作劳动的能力。在劳动过程中自觉遵守劳动纪律，形成诚实劳动、合法劳动的意识。

（7）在劳动中主动克服困难，初步形成不怕辛苦、积极探索、追求创新的精神。

4. 第四学段（7~9年级）

（1）懂得劳动创造人的道理，认识到劳动是推动人类社会进步的根本力量，理解"劳动托起中国梦"的重要意义。领会"劳动是一切幸福的源泉""幸福是奋斗出来的"的道理。牢固树立劳动最光荣、劳动最崇高、劳动最伟大、劳动最美丽的观念。

（2）主动承担一定的家庭清洁、烹饪、家居美化等日常生活劳动，进一步加强家政知识和技能的学习与实践，理解劳动创造美好生活的道理，提高生活自理能力，增强家庭责任意识。

（3）适当体验金工、木工、电子、陶艺、布艺等项目的劳动过程，体会其中蕴含的独特智慧和人类创造力。尝试进行家用器具的简单修理，参与种植、养殖等生产劳动，体会运用所学知识分析和解决实际问题的过程。获得初步的职业体验，形成初步的职业意识和生涯规划意识。

（4）定期参加校园包干区域的保洁和美化，以及助残、敬老、扶弱等公益劳动，体验以自己的劳动服务他人、服务社区的自豪感和幸福感，初步形成对学校、社区负责任的态度。体验融合一定智能技术的现代服务业劳动，提升现代服务技能，充分认识现代服务业劳动的性质、特征与独特的社会价值。进一步增强公共服务意识，提升以自己的劳动创造美好生活的社会责任感。

（5）根据个体、家庭、学校、社区的发展需要，提出具有一定创造性的解决方案，制订合理的劳动计划，并安全规范地加以实施，能对劳动过程与劳动成果进行反思和总结，进一步提高创造性劳动能力、合作能力。

（6）强化诚实劳动的劳动习惯和品质，形成劳动效率意识和劳动质量意识。

（7）初步具有为社会发展和国家建设付出辛勤劳动的意愿，形成不畏艰辛、锐意进取、精益求精、不断创新的精神。

"五四"学制第二学段（3~5年级）目标主要参照"六三"学制

第三学段（5~6年级）目标确定，适当降低要求。"五四"学制第三学段（6~7年级）目标在"六三"学制第三学段（5~6年级）目标基础上合理提高要求，并结合"六三"学制第四学段（7~9年级）目标确定，使"五四"学制6~9年级目标进阶更加科学。

四 课程内容

义务教育劳动课程以培养学生的核心素养为导向，围绕日常生活劳动、生产劳动和服务性劳动，以任务群为基本单元，构建内容结构。日常生活劳动立足学生个人生活事务处理，涉及衣、食、住、行、用等方面，注重培养学生的生活能力和良好卫生习惯，树立自理、自立、自强意识。生产劳动让学生在工农业生产过程中直接经历物质财富的创造过程，体验从简单劳动向复杂劳动、创造性劳动的发展过程，淬炼生产劳动技能，体会物质产品的来之不易，认识劳动与自然界的基本关系。服务性劳动让学生利用知识、技能等为他人和社会提供服务，在现代服务业劳动、公益劳动与志愿服务中认识社会，树立服务意识，体悟劳动中人与人、人与自然、人与社会的关系，强化社会责任感。

劳动课程内容共设置十个任务群，每个任务群由若干项目组成。其中，日常生活劳动包括清洁与卫生、整理与收纳、烹饪与营养、家用器具使用与维护四个任务群，生产劳动包括农业生产劳动、传统工艺制作、工业生产劳动、新技术体验与应用四个任务群，服务性劳动包括现代服务业劳动、公益劳动与志愿服务两个任务群。劳动课程内容结构如图1所示。

任务群的选用要注意以下事项。

（1）根据义务教育课程方案，劳动课程平均每周不少于1课时，

```
任务群          1~2年级  3~4年级  5~6年级  7~9年级
日常    清洁与卫生
生活    整理与收纳
劳动    烹饪与营养
        家用器具使用与维护

生产    农业生产劳动
        传统工艺制作
劳动    工业生产劳动
        新技术体验与应用

服务性  现代服务业劳动
劳动    公益劳动与志愿服务
```

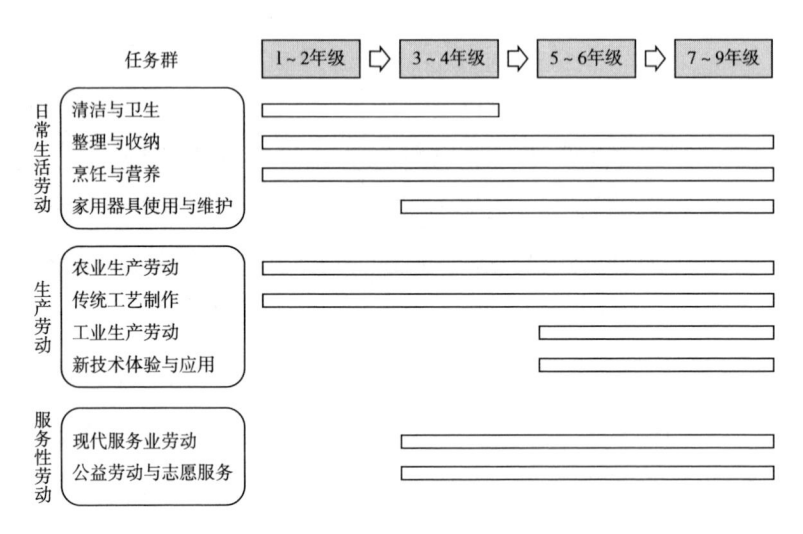

图 1　劳动课程内容结构示意图

用于活动策划、技能指导、练习实践、总结交流等。具体实施时，可根据学生年龄特点和任务群中的项目实践情况单节排课或 2~3 课时连排。

（2）学校结合实际，自主选择确定各年级任务群学习数量；鼓励有条件的地区和学校在整个义务教育阶段课程内容涵盖十个任务群。1~2 年级侧重在日常生活劳动、生产劳动内容中选择，服务性劳动不做要求，有条件的学校可结合实际情况开展。3~4 年级及以上各学段应涵盖三类劳动内容。5~9 年级的清洁与卫生劳动要求，可与同学段其他任务群融合实施，同时结合日常课外劳动和家庭劳动要求开展。7~9 年级结合相关任务群开展生涯规划教育。

（3）生产劳动四个任务群和服务性劳动两个任务群，其内容要求和劳动项目具有一定的开放性和选择性。学校可以因地制宜，结合实际情况，根据任务群安排，开发劳动项目，形成校本化劳动清单。

（一）第一学段（1~2年级）

任务群1：清洁与卫生

内容要求：开展简单的清洁劳动，用笤帚扫地，用拖把拖地，用抹布擦桌椅等，用合适的洗涤用品洗碗筷等餐具，用肥皂、洗衣液等洗红领巾。依据颜色或文字提示辨别不同类型垃圾桶，知道垃圾分类投放的要求。坚持用科学的方法洗手，独立完成与个人卫生相关的劳动。

素养表现：掌握清扫地面、洗小件衣物等简单劳动的方法，养成讲究个人卫生的意识和习惯。养成不随便扔垃圾的习惯，初步建立垃圾分类的意识和维护公共卫生的意识。在清洁地面、衣物、桌椅等过程中，感受劳动的快乐，愿意参加劳动。

活动建议：适时开展班级卫生打扫活动，要求人人有劳动任务。在劳动过程中，指导学生学习扫地、洗抹布、擦拭桌椅；劳动结束后，组织学生互相学习，交流评比，总结经验教训，习得基本的卫生打扫能力。通过"洗涤小达人""谁的小手洗得最干净"等活动，营造积极劳动、讲究卫生的班级氛围。

任务群2：整理与收纳

内容要求：根据需要，整理自己的生活用品、学习用品，如衣物、玩具、书本、文具等。整理自己的书包、课桌和居室的书柜及书桌，能按照物品类别、形状等整齐摆放，初步建立及时整理与收纳的意识。

素养表现：初步掌握简单整理与收纳的基本方法，初步养成及时整理与收纳的习惯，初步具有管理自己的生活用品、学习用品的能力，初步感知劳动的辛苦和乐趣。

活动建议：通过家校结合的方式开展本任务群活动。指导学生在劳动课程学习与实践中掌握整理与收纳的基本方法，如课桌上学习用品摆放整齐，书包里文具、书本整理有序。引导家长督促、鼓励学生在家中不断练习整理与收纳并长期坚持实践，养成习惯。可以通过展示、交流、汇报等形式，激发学生的参与热情。

任务群3：烹饪与营养

内容要求：参与简单的家庭烹饪劳动，如择菜、洗菜等食材粗加工，根据需要选择合适的工具削水果皮，用合适的器皿冲泡饮品。初步了解蔬菜、水果、饮品等食物的营养价值和科学的食用方法。

素养表现：能在家庭烹饪劳动中进行简单的食材粗加工，掌握日常简单烹饪工具、器皿的使用方法和注意事项。具有安全劳动意识，以及"自己的事情自己做"的生活自理意识。初步具有科学处理果蔬、制作饮品的意识和能力。

活动建议：通过家校结合的方式开展本任务群活动。可以在教室开展削水果皮、泡茶等学习活动，鼓励学生尝试做水果茶，品尝水果、饮品的美味，感受劳动的甜美；在体验的基础上，组织学生互相交流，了解水果、饮品的营养价值，总结器皿等工具的使用方法和注意事项。有条件的学校可利用食堂资源，组织开展剥毛豆、择韭菜等活动。引导家长督促、鼓励学生在家练习烹饪技能，有始有终地开展家务劳动。

任务群4：农业生产劳动

内容要求：根据实际情况，种植和养护1~2种当地常见的水培或土培植物，如绿萝、文竹等，或饲养1~2种小动物，如金鱼、蚕等。结合具体植物养护或动物饲养活动，观察植物的生长发育情况，了解小动物的生长发育情况与生活习性，知道身边常见动植物的养护方法，培养对动植物的喜爱之情。

素养表现：具有种植和养护常见植物或养殖小动物的意愿，初步了解身边常见动植物的养护方法，知道种植、养殖活动与自然界的紧密关系。能表达参与农业劳动后收获的快乐，初步具有关心、照顾身边常见动植物的责任心和农业生产安全意识，知道劳动需要长期坚持的道理。

活动建议：农业生产劳动对场地有一定的要求，学校要积极利用现有资源组织实施，并根据不同场景进行有针对性的指导。例如：开辟校园农业劳动区，分班级管理；创设班级"植物角"，由全班分组管理；家里已有植物或动物的学生，可在父母指导下参加植物养护或动物饲养劳动。指导学生依据植物或动物的特性，科学养护或饲养；引导学生用摄像设备、测量工具等器具，以及图画、文字等方式，记录植物或动物的生长情况；以一个月或一学期为一个周期，开展种植或饲养成果展示和经验分享活动。

任务群5：传统工艺制作

内容要求：选择1~2项传统工艺制作项目，如纸工、泥工、编织等，了解制作需要的基本材料和常用工具，在教师指导下按照要求和步骤进行简单作品制作，体验传统工艺制作过程。初步运用文字及图画表达自己的方案构想，对工艺作品进行简单的评价。

素养表现：能简单表达自己的方案构想，并使用常用工具制作简单的传统工艺作品。感受传统工艺的奇妙，初步养成认真劳动、合理利用材料的良好劳动习惯，形成乐于动手的劳动态度。

活动建议：结合日常生活情境开展传统工艺制作活动。例如，从春节等传统节日特点出发学习纸工，激发学生的劳动兴趣。指导学生根据操作步骤和要求完成制作，让学生获得劳动成就感，充分感受传统工艺的奇妙，以及劳动带来的美好体验。

（二）第二学段（3~4年级）

任务群1：清洁与卫生

内容要求：理解日常生活清洁与卫生的基本内容，用合适的洗涤用品清洗自己的鞋袜、内衣和书包等。正确使用卫生工具，参与教室卫生打扫，将桌椅摆放整齐。分类投放垃圾。正确使用消毒纸巾、棉球和洗手液，在公共场所能自觉做好个人防护。通过清洗、打扫、消毒等活动，创设洁净的生活环境和学习环境。

素养表现：能正确使用简单的卫生工具和日常消毒物品，具有打扫卫生的劳动能力和个人防护能力。具有用劳动创设洁净的生活、学习环境的意识和公共卫生安全意识，养成良好的个人卫生习惯，具有热爱劳动的态度，初步学会与他人合作劳动。

活动建议：在家长的指导下，学生尝试清洗自己的鞋袜、书包等，通过多种方式在班级展示、分享、交流劳动过程与成果。在班级大扫除活动中，完成门窗、墙壁除尘，桌椅清洁、整齐摆放等任务。指导学生通过班级卫生值日持续参加学校清洁与卫生劳动。与家长协同指导学生积极开展居家个人卫生劳动。

任务群2：整理与收纳

内容要求：定期整理居室里的书柜、衣橱、鞋柜和教室里的"图书角"、卫生柜、讲台桌面。将物品摆放整齐，归类收纳，做到有序、合理、便于取用。

素养表现：掌握居室、教室内物品整理与收纳的方法，理解及时整理与收纳能让生活、学习环境变得整洁、美好的道理，初步形成热爱劳动的态度。逐步养成及时收纳、分类存放的好习惯。初步具有做事有条理、整理有方法、收纳有规律的生活能力。

活动建议：按照物品数量、劳动范围、活动要求三个维度来设计活动，如从整理学习用品到整理生活用品，从收拾一个抽屉到整理整个衣橱，从摆放整齐到收纳合理、便于取用。在难度不断增加的劳动过程中，逐步提升学生整理与收纳的能力。

任务群3：烹饪与营养

内容要求：使用简单的烹饪器具对食材进行切配，按照一般流程制作凉拌菜、拼盘，学习用蒸、煮方法加工食材。例如：用油、盐、酱油、醋等调料制作凉拌黄瓜；将几种水果削皮去核并做成水果拼盘；加热馒头、包子等面食；煮鸡蛋、水饺等。加工过程中注意卫生、安全。

素养表现：能用简单的凉拌、蒸、煮等烹饪方法，满足自己基本的饮食需求。形成生活自理能力，初步建立健康饮食的观念。具有初步的食品安全意识。能正确认识烹饪劳动的价值，形成热爱劳动、尊重普通劳动者的观念。

活动建议：以"我会做早餐""厨房新人秀"等活动开启本任务群的学习。在真实体验的基础上，让学生交流分享经验，总结不同烹饪方法的制作要求、注意事项。有条件的学校可以组织学生在校实践，互相观摩学习，逐步掌握简单的日常烹饪技术。

任务群4：家用器具使用与维护

内容要求：正确使用1~2种家庭常用小电器，如吹风机、吸尘器等，完成劳动任务。认识、了解厨具的种类和作用，正确使用厨房小家电参与家庭烹饪劳动，如用电饭煲煮饭。知道操作流程要规范、安全。

素养表现：初步掌握家庭常用小电器的使用方法，会根据需要选择和使用，初步具有家用电器使用安全意识和器具保养维护意识，形成生活自理能力。养成用后及时清理、收纳到位的良好劳动习惯。

活动建议：家庭实践与学校指导相结合，家校合作开展本任务群活动。可以让学生在家中实践后，到学校交流不同类型小电器的使用方法、使用心得体会。还可以通过创设对比情境，展示使用器具的不同方法，促进学生初步掌握常用家用器具的正确使用和科学维护的方法。

任务群5：农业生产劳动

内容要求：选择当地1~2种常见的蔬菜，如大白菜、西红柿、黄瓜等进行种植，或者根据区域相关规定，合法合规选择1~2种家禽，如鸡、鸭等进行饲养，体验蔬菜种植、家禽饲养的一般过程与方法。

素养表现：掌握1~2种当地常见蔬菜的种植方法，或1~2种家禽饲养方法。初步形成关爱生命、尊重自然，遵循动植物生长规律和季节特点进行科学劳动的观念。初步学会与他人合作劳动，在种植、饲养过程中不怕困难，养成有始有终的劳动习惯，懂得"一分耕耘，一分收获"的道理。

活动建议：充分利用学校等场地来开展农业劳动。例如，城市学校可利用校园一角建设"开心小农场"，农村学校可利用学校附近的耕地建设农业劳动基地。可以利用家庭场地，如阳台、庭院等，让学生在家中进行植物种植。根据地域特点并结合科学课程的内容，因地制宜选择相关植物进行种植，指导学生制订劳动方案，开展实践，做好记录。可以邀请当地农业专家参与指导，也可组织参观现代化种植、养殖基地或举办农业模范小讲座等活动，让学生了解当地现代化种植和养殖技术，体验技术进步对农业发展的促进作用。

任务群6：传统工艺制作

内容要求：选择1~2项传统工艺制作项目，如纸工、泥工、布艺、编织等，了解制作的技能和方法。识读简单的示意图，尝试设计简单作品，并参考规范流程进行制作。

素养表现：能设计并制作简单的传统工艺作品，感受传统工艺技术的精湛，以及劳动的艰辛和收获的快乐，形成传承并发扬传统工艺的意识。初步养成专心致志的劳动品质。

活动建议：可以结合春节、元宵节、劳动节、国庆节等节日，开展主题活动。例如：根据春节贴窗花的习俗，安排剪纸项目，让学生设计、制作窗花；也可在元宵节开展小灯笼的设计与制作活动，并进行展示、交流。活动中引导学生体验工艺制作过程，通过制作作品，体会传统工艺的魅力，理解劳动创造美好生活的道理。

任务群7：现代服务业劳动

内容要求：根据学生的年龄特征、自身兴趣与实际条件，在批发和零售业，交通运输、仓储和邮政业，住宿和餐饮业，信息传输、软件和信息技术服务业，金融业，房地产业，教育，卫生和社会工作，文化、体育和娱乐业，公共管理、社会保障和社会组织等现代服务行业中，选择1~2项与自身日常生活密切相关的项目进行实践、体验，如开展班徽设计等文化创意服务活动。

素养表现：获得参与现代服务业劳动的初步体验，对服务性劳动的类型与特征具有初步认识。体悟现代服务业劳动对于创造便利、美好生活的重要意义，形成尊重现代服务业劳动、劳动者、劳动成果的观念，以及积极参与现代服务业劳动的态度。体验服务性劳动中的创造性及其带来的挑战与乐趣。

活动建议：开展与学生日常生活密切相关的现代服务业劳动。例如：帮助家长收取快递，体验现代物流服务；在餐厅中利用智能设备点餐，体验现代餐饮服务；到银行、钱币博物馆、金融教育示范基地等金融实践基地，体验现代金融服务。在活动设计过程中，结合个体发展需要，充分挖掘与现代服务业劳动教育相关的学校资源、家庭资源、社区资源及必要的网络资源，为学生体验现代服务业劳动创造真实的环境和参与度更高的劳动条件。

任务群8：公益劳动与志愿服务

内容要求：以校园、社区为主，参加1~2项力所能及的公益劳动与志愿服务，利用自身的知识与技能、创造的物质产品与精神产品等，满足他人需要、帮助他人解决问题。例如：担任学校校史馆小向导，向访客介绍学校历史等；担任运动会、艺术节等学校重大活动的志愿者，作出自己的贡献；参与社区环境维护，为他人创造更好的公共空间。初步了解学校与社区中公益劳动与志愿服务的需求、形式与内容，体验多种服务性劳动过程。

素养表现：认识到学校、社区中存在多种公益劳动和志愿服务的需求与机会，初步具有以自己的劳动服务学校、服务社区的信心与能力。初步形成主动关心他人的意识和公共服务意识，体悟以自己的服务性劳动为他人创造便利的自豪感与幸福感。初步学会与他人合作劳动，形成尊重劳动和普通劳动者的态度，以及感恩他人劳动付出的劳动情感。

活动建议：基于学生已有的日常生活劳动技能、生产劳动技能，开展适合学生年龄特征与能力水平的公益劳动与志愿服务活动，如为学校门卫、公交车司机等劳动者制作传统节日卡片等，向他们表达问候与感谢。在活动过程中，注意充分挖掘普通劳动者的劳动品质、劳动精神等，让学生了解普通劳动者对社会的贡献。考虑到学生的年龄特征，可以更多地采用以班级为单位的集体服务性劳动形式，如组织开展图书、衣物、玩具捐赠活动或义卖活动等。在活动过程中，指导学生记录公益劳动与志愿服务经历，提供交流与展示服务性劳动过程与成果的机会，如开展志愿服务项目成果展示等。

（三）第三学段（5~6年级）

任务群1：整理与收纳

内容要求：通过对物品的整理与取舍，清理自己的学习与生活空间，如清理和合理处置使用过的教科书、簿本，以及不再穿的衣物、不再玩的玩具等。初步掌握对物品、居室进行整理、清洁的方法，较为充分、合理地利用家居空间，用劳动和智慧为自己和家人创造更舒适的生活环境。

素养表现：具有较高的整理与收纳的能力，懂得有依据地整理与取舍，建立及时整理、清洁，以及清除学习和生活环境中的病原微生物的意识。体悟劳动对于创造美好生活的意义，具有初步的劳动筹划思维和家政能力。

活动建议：在劳动之前，要了解个人生活空间里的物品是否需要、占据空间大小，并进行劳动规划，制订解决方案。整理与收纳劳动实践要有一定的依据，如必要、合适、整洁等。对物品、环境的整理与保洁，要关注操作过程中的安全、规范，如消毒水的配比和消毒过程中的个人防护，避免操作不当对身体造成伤害。

任务群 2：烹饪与营养

内容要求：用简单的炒、煎、炖等烹饪方法制作 2~3 道家常菜，如西红柿炒鸡蛋、煎鸡蛋、炖骨头汤等，参与从择菜、洗菜到烧菜、装盘的完整过程。能根据家人需求设计一顿午餐或晚餐的营养食谱，了解不同烹饪方法与食物营养的关系。

素养表现：能进行家庭餐食的设计和营养搭配，并掌握简单的烹饪方法。初步养成营养搭配和健康饮食的习惯，具有食品安全意识。树立乐于为家人服务的劳动观念，初步形成家庭责任感。

活动建议：通过现场观察、观看视频等方式，让学生直观感受炒、煎、炖三种烹饪方法的特点，并结合日常生活经验，交流不同烹饪方法的要点、难点，以及烹饪与营养的关系。有条件的学校可在校内让学生实践体验，没有条件的学校可让学生在家长指导下操作。

任务群 3：家用器具使用与维护

内容要求：通过阅读产品说明书，了解家庭常用电器，如电视机、电冰箱、洗衣机、电风扇、空调等的功能特点，掌握基本操作方法。根据需求选择使用功能，规范、安全地操作。例如：使用洗衣机的不同功能洗涤不同材质的衣物；使用电饭煲的蒸、煮、炖等各项功能满足食品制作的不同需求。

素养表现：掌握家庭常用电器的功能特点和使用方法，在学习和操作过程中养成耐心、细心的劳动品质，形成运用现代科技参与日常生活劳动的能力。初步养成良好的家用电器使用习惯。感受家用电器对提高家务劳动效率、提升生活品质的作用。养成在劳动中勤于观察、乐于思考的品质。

活动建议：以家用电器的使用为主题开展活动，设计不同难度层次的活动要求，注意与功能改进、节能减排、科技创新、安全教育等有机结合，组织学生开展探究与讨论。

任务群4：农业生产劳动

内容要求：种植与养护1~2种当地常见的蔬菜、盆栽花草、果树等，或根据区域相关规定，合法合规饲养1~2种常见家畜，如兔、羊等。体验简单的种植、饲养等生产劳动，初步学习种植、饲养的基本方法。

素养表现：能种植与养护1~2种当地常见植物，或饲养1~2种常见家畜。感受持续性劳动的艰辛和不易，懂得珍惜劳动成果，养成持之以恒的劳动品质。形成热爱自然、热爱土地的情感态度。

活动建议：可将本任务群的学习与农业生产新技术、新模式结合起来，如大棚种植、立体农业、智能监测养护等现代化种植和饲养技术。可采用项目学习的方式开展学习与实践，将学生亲历劳动实践与现代农业技术考察、探究结合起来，注重与农民、技术人员的交流，聆听他们的劳动故事。还可与党史学习相结合，体会农业生产劳动的价值。例如，抗日战争期间，为克服严重的物质生活困难，中国共产党发出了"自己动手"的号召。通过大生产运动，勤于劳动、善于劳动的边区军民通过自己的劳动打破了困难局面，为抗日战争的胜利奠定了物质基础。

任务群5：传统工艺制作

内容要求：选择1~2项传统工艺制作项目，如陶艺、纸工、布艺、编织、印染、皮影、木版画等，了解其特点及发展历史，初步掌握制作的技能和方法。读懂基本的实体图、示意图、装配图等。根据劳动需要，设计方案并选择合适的材料和工具制作简单作品。

素养表现：能根据劳动需要，设计并制作简单的传统工艺作品，说明传统工艺的价值，感受传统工艺劳动的智慧，初步形成传承中华优秀传统文化的意识。感受工匠精神，初步形成追求创新的劳动精神。

活动建议：根据学校实际情况、地方历史文化，选择开展适宜的劳动实践。本任务群的学习可以与非物质文化遗产的保护与传承、工匠精神的弘扬结合起来，可以邀请当地的非物质文化遗产代表性传承人、技能大师进校园，开展劳动实践指导，或者融合当地场馆资源开发劳动项目，如主题印染活动、陶艺器皿的设计与制作、风筝的制作等。

任务群6：工业生产劳动

内容要求：选择1~2项工业生产项目，如木工、金工、电子等，进行简单产品模型或原型的加工，初步体验工业生产劳动过程。熟悉所选项目的工具特点、设备特点。识读简单的产品技术图样，根据图样制作产品的模型或原型，完成产品模型或原型的组装、测试。体验工业生产劳动创造物质财富的喜悦与成就感。

素养表现：掌握某项工业生产项目工具、设备的操作方法。能依据简单技术图样，规范地使用常用生产工具、设备加工制作产品的模型或原型。理解日用产品的来之不易，懂得爱惜日用产品，初步形成安全规范地进行工业生产劳动的意识。初步形成产品质量意识和精益求精的劳动品质。

活动建议：根据所在地区工业生产特色、学校实际情况、学生学习兴趣等，选择适宜的产品载体，如木制益智玩具七巧板、孔明锁、音乐小门铃、音乐贺卡等，开展劳动实践活动。有条件的学校，可充分利用所在地区工业生产企业，组织学生参观简单工业产品的生产过程或局部环节，如组装、包装等，加深学生对生产劳动创造价值的理解。通过研讨、讲座等方式，与工人、技术人员交流劳动经验，聆听其讲述工作过程、奋斗经历，感受其职业价值观和劳动精神。还可通过观影、座谈等方式，帮助学生了解社会主义现代化建设的艰苦历程，让学生体会石油工人王进喜"爱国创业我最认真，求实奉献我最根本！"的铁人精神。

任务群7：新技术体验与应用

内容要求：选择1~2项新技术，如三维打印技术、激光切割技术、智能控制技术等，初步进行劳动体验与技术应用。熟悉某项新技术的主要功能及简单的使用方法。识读简单的产品技术图样，并应用某项新技术进行简单产品的加工，记录某项新技术在改变传统加工方式、提高生产效率和生活品质等方面带来的主要变化。感受新技术在提高生产效率、产品质量及创造性解决问题等方面的重要作用，感受现代劳动中的创新精神。

素养表现：掌握某项新技术的使用方法。能根据需要，应用某项新技术制作简单的产品模型或原型。初步具有亲近新技术的情感和使用新技术进行劳动的意愿，具有进行创造性劳动的热情。

活动建议：根据学校实际条件和学生兴趣，选择适宜的新技术项目开展劳动实践。例如，利用三维打印技术设计与打印小笔筒和茶杯，利用激光切割技术设计与制作木制益智玩具七巧板，利用智能控制技术模拟实现红绿灯自动控制、抢答器等。劳动项目设计要体现学生应用新技术进行创造性劳动实践与问题解决的过程。

任务群8：现代服务业劳动

内容要求：根据学生的年龄特征、自身兴趣与实际条件，选择1~2项现代服务业劳动项目进行参与、体验，如基于学校或社区条件体验现代物业管理，基于学校文化和师生需要开展学习用品设计等文化创意服务劳动。初步了解新兴现代服务业的类别、内容及其劳动过程与特征。

素养表现：理解1~2项现代服务业劳动的过程与特征，以及智能技术等对服务行业发展带来的促进作用。增强公共服务意识、与他人协同劳动的意识。对现代服务业劳动中所涉及的个人信息安全问题具有初步认识。初步感知服务性劳动中的契约精神，形成诚实劳动的品质。感知爱岗敬业、乐于奉献的劳模精神。

活动建议：可以结合职业体验、专题教育，开展具有高参与度的现代服务业劳动。例如：结合当地农产品的营销需要，利用互联网技术设计家乡农产品营销方案；结合当地餐饮机构资源，开展"餐饮服务体验日"活动；结合当地银行资源，开展"银行工作体验日"活动等。建议充分利用家庭资源，如聘请在服务行业工作的家长作为志愿者担任指导教师。

任务群9：公益劳动与志愿服务

内容要求：参与1~2项公益劳动与志愿服务劳动项目。例如：参与校园绿化环境维护、卫生监督等学校事务管理，为同学和老师提供劳动服务；以小组为单位，在老师或父母的帮助下，为当地养老院老人制作节日食物，分享节日的喜悦；为公共图书馆、科技馆、纪念馆、植物园、动物园、流浪动物救助站等公共空间与社会机构提供服务性劳动，以自己的实际劳动参与社会公共空间建设；在学校、家庭、社区中开展疫情防控等公共卫生服务宣传活动，关爱他人的健康等。

素养表现：了解公益劳动与志愿服务中的调查、准备、组织、实施、反思等环节，在服务性劳动过程中形成发现问题、关注他人需要与服务他人的意识与能力，进一步发展筹划能力。形成积极主动参与学校公共事务管理的劳动态度。体会服务社区的意义，增强公共服务意识，初步形成社会责任感。

活动建议：根据学校、社区的实际需要与条件，立足社会现实问题，设立或选择主题性的公益劳动与志愿服务项目，如结合特定时期的公共卫生服务需要，开展"防疫我能行"等主题活动。也可以结合国际消费者权益日、老年节、教师节等，开展针对特定社会群体的公益劳动与志愿服务。在开展公益劳动与志愿服务之前，指导学生进行必要的调研活动，了解服务对象的真实需要，并以此为基础来实施。在公益劳动与志愿服务结束之后，指导学生对服务过程与结果进行反思和总结。

（四）第四学段（7~9年级）

任务群1：整理与收纳

内容要求：灵活运用整理与收纳的方法，从整体上完成对家庭各居室和教室内部物品的整理与收纳。与他人合作对居室、教室进行适当的装饰和美化，设计有特色、易操作的环境美化方案。独立完成外出远行的行李箱整理与收纳，依据行程安排、天气状况准备衣物和生活用品等。

素养表现：能对居室和教室的美化提出具有一定创造性的解决方案，制订合理的实施方案，并能安全规范地加以实施，发展自我管理与缜密筹划的能力。理解劳动对于个人生活、集体建设的意义，懂得劳动创造美好生活的道理，养成认真细致地进行整理与收纳的习惯和品质。

活动建议：行李箱整理与收纳等任务可以结合学校的社会实践活动或研学旅行活动开展，根据不同目的地和不同行程，让学生在学校模拟情境中进行规划，并在真实情境中实践。居室和教室的整理与美化可以从教室布置入手，先征集优秀设计方案，再选出最佳方案予以实施。

任务群2：烹饪与营养

内容要求：根据家庭成员身体健康状况、饮食特点等设计一日三餐的食谱，注意三餐营养的合理搭配。独立制作午餐或晚餐中的3~4道菜。了解科学膳食与身体健康的密切关系，增进对中华饮食文化的了解，尊重从事餐饮工作的普通劳动者。

素养表现：能根据家庭成员实际需求设计食谱、合理搭配饮食，在制作菜肴的过程中进一步掌握日常烹饪技能，形成健康生活的理念和基本能力。理解劳动对于个人生活、家庭幸福的意义，懂得劳动创造美好生活的道理。

活动建议：结合家政领域的职业体验开展本任务群的学习与实践。选择餐饮文化案例进行分析和交流，了解不同地域的饮食文化和特点。开展调查研究，了解个人和家庭的饮食习惯与膳食结构特点。结合调研结果，根据家庭成员需要，设计一日三餐的食谱，并独立完成3~4道菜的制作。在劳动实践的基础上，请家庭成员给予评价，学生记录学习心得，在全班交流分享。设计活动时，不仅要关注单项技能的掌握，更要关注综合思维能力的培养，还应渗透对饮食文化的学习和了解。

任务群3：家用器具使用与维护

内容要求：通过阅读产品说明书，了解家庭常用电器的基本结构、工作原理和保养方法。用螺丝刀、扳手等工具对家用电器进行简单的拆卸、清理、维修等，如空调滤网的清洗，饮水机的清洗、消毒，家用电器小故障的判断与维修等。

素养表现：掌握家庭常用电器使用过程中简单的保养和维修方法，提升家政技能和实践操作能力，养成科学、规范地使用家用电器和勤于保养家用电器的良好习惯。增强劳动过程中安全保护意识和劳动质量意识，养成在劳动中不畏艰辛、勇于创造的精神。

活动建议：选择便于在家庭和学校开展的活动进行实施。例如：结合季节变化，对电风扇进行拆卸、清洗和安装；保养吸尘器，及时清理集尘盒。鼓励学生运用所学劳动技能，参与家务劳动，主动承担家用电器的拆卸、清洗、安装和简单维修工作。劳动实践后，组织学生交流、分享对工具的认识和使用情况，以及家用电器的工作原理。通过举行技能大赛、表彰劳动能手等形式，牢固树立尊重普通劳动者的观念。

任务群4：农业生产劳动

内容要求：体验当地常见的种植、养殖等生产劳动。选择1~2种优良种植或养殖品种，开展系列化种植或养殖劳动实践，如组合盆栽、农副产品保鲜与加工、水产养殖、稻田养殖等，体验先进的种植、养殖方式和方法。了解中国传统农业特点，分析现代农业与传统农业的区别，理解种植、养殖与生活及经济的关系。

素养表现：初步掌握根据当地条件和需求，规划设计种植、养殖劳动活动并加以实施的基本技能，形成热爱农业生产、关心农业发展，以及注重农业安全、食品安全的意识，形成辛勤、诚实、合法劳动及进行创造性劳动的劳动品质。

活动建议：农作物栽培的季节性较强，同时考虑到种植的系列化，在学年开始时应规划好本任务群的实施内容和安排。充分结合当地自然环境、课程实施条件进行教学安排，借助视频、图片进行讲解。活动指导重在引导学生系统思考，关注农业生产发展、技术发展，爱护动植物。注重农业劳动的安全，如农药的安全使用、极端天气的应对等。通过座谈、研讨等形式，组织学生与农民、技术人员交流思想，沟通感情，聆听其奋斗经历、农业劳动体会等，感受新时代农业劳动的职业特点。

任务群5：传统工艺制作

内容要求：选择1~2项传统工艺制作项目，如陶艺、纸工、布艺、木雕、刺绣、篆刻、拓印、景泰蓝、漆艺、烙画等，了解其基本特点，熟悉制作的基本技能与方法。根据劳动需要，综合运用工艺知识进行设计，通过绘制规范的示意图表达设计方案，并合理选择相应的技能进行制作。

素养表现：能根据劳动需要设计与制作传统工艺作品。感受传统工艺作品中蕴含的人文价值和工匠精神。树立传承中华优秀传统文化的观念，初步养成精益求精、追求品质的劳动精神。

活动建议：根据学生已有的基础、学校的条件及当地特色传统工艺等情况来选择项目。可以结合端午节、中秋节、校庆等节庆活动，开展综合性传统工艺劳动和制作，如综合纸工、编织、布艺等。指导学生根据不同的情境，结合不同需求设计体现传统文化、当地特色的方案，并以团队合作形式完成具体制作。

任务群6：工业生产劳动

内容要求：选择1~2项工业生产项目，如木工、金工、电子、服装、造纸、纺织等，进行产品设计与加工，体验工业生产劳动过程。熟悉所选项目的工具特点、设备特点、加工材料要求。根据产品使用要求选择材料并制订符合人机关系的创意设计方案，识读并绘制简单的产品技术图样，根据图样加工制作产品模型或原型，完成产品组装、测试、优化。理解工业生产劳动对人类生活、生产的重要作用。

素养表现：掌握某项工业生产项目工具、设备的操作方法，以及加工材料的要求。能根据需求，设计并制作、加工简单的产品模型或原型。养成安全、规范地进行工业生产劳动的良好劳动习惯，养成合理利用材料、环保节约的劳动意识，提升产品质量意识和精益求精的劳动精神。

活动建议：根据所在地区工业生产特色开展生涯规划教育。例如，组织学生到当地工厂进行工业生产参观与跟岗实践、与工人面对面交流分享劳动经验与成果，在参观、体验、交流的基础上引导学生对个人职业生涯形成初步的认知与规划。学校根据实际情况、学生发展需求等，选择适宜的生产项目，如设计与制作手机支架、多功能笔筒、金属丝置物筐、声控小台灯、服装等，开展工业生产实践。可以采用多种活动形式相结合的方式，如将劳模大讲堂、与劳模交流劳动经历、开展劳动成果展示等活动相结合，让学生身临其境地感受工业生产的魅力与劳动价值，培养职业认同感。还可以学习中华人民共和国成立后中国共产党领导全国人民进行工业建设的历史，感受艰苦奋斗的革命精神。项目实施过程中要注重学生良好劳动习惯和品质的养成。

任务群7：新技术体验与应用

内容要求：选择1~2项新技术，如三维打印技术、激光切割技术、智能控制技术、数控加工技术、液态金属打印技术等，进行劳动体验与技术应用。熟悉某项新技术的基本工作过程、常用参数设置、材料的适用范围等。根据设计要求选择某项新技术，制订合理的设计、加工方案或设计图样，完成应用某项新技术进行加工、组装、测试、优化的全过程。记录某项新技术在改变传统加工方式、降低加工成本、提高工件质量方面带来的主要变化。感受新技术在生产、生活中发挥的重要作用，体悟劳动人民创造新技术的智慧。

素养表现：掌握某项新技术的使用方法，知道其工作原理。能根据需要，使用某项新技术设计制作简单的产品模型或原型，并独立完成产品的技术测试。在劳动中能不断追求品质、精益求精。树立劳动光荣、技能宝贵、创造伟大的观念。

活动建议：组织学生调研所在地区工厂、企业新技术的应用情况，选择某项新技术进行劳动实践体验，与技师、工程师交流某项新技术对生产、生活的价值，逐步培养学生对新技术类职业的理解与认同感，为学生未来生涯规划奠定基础。学校根据实际条件和学生实际需求，选择适宜的新技术开展项目实践。例如，利用激光切割技术进行多功能书架、置物架的设计与制作，利用智能控制技术模拟实现语音控制电梯升降等。有条件的学校，可以充分借助所在地区高新技术和高新产业发展特色及科研院所优势，组织学生参观体验。

任务群8：现代服务业劳动

内容要求：根据学生的年龄特征、自身兴趣与实际条件，选择1~2项现代服务业劳动项目进行参与、体验。例如：结合学校食堂的信息化管理需要，为学校食堂提供基于数据分析的现代信息服务；基于当地地理、文化、历史等情况，提供旅游景点设计等现代旅游服务；针对当地某一特色产品提供基于营销方案设计的现代销售服务。根据所参与现代服务业劳动的特征与过程，开展符合相应要求的劳动。在劳动过程中主动发现有价值的问题，并设计合理的、具有一定创意的问题解决方案。

素养表现：参与现代服务业劳动，提升现代服务技能，充分认识现代服务业劳动的特征与独特的社会价值。了解现代服务业劳动所具备的优势与面临的挑战，能说明现代服务业劳动的革新与发展趋势。能在劳动过程中认真履行职责，养成规范劳动、安全劳动的习惯与品质。进一步增强公共服务意识，形成以自己的劳动创造美好生活的社会责任感。

活动建议：可采用项目形式开展本任务群的学习。劳动项目要为学生感知该现代服务业劳动的发展现状提供机会，如智能化食堂管理项目、家乡旅行路线设计项目、家乡特产营销项目。建议将本活动的开展与职业体验、金融教育等专题教育结合起来。引导学生在调研、探究的基础上，开展有针对性的现代服务业劳动，鼓励学生发挥创造力，优化现代服务业劳动方案。在劳动结束之后，注重引导学生进行必要的反思交流、经验总结，从而为其职业规划提供有益的指导。

任务群 9：公益劳动与志愿服务

内容要求：利用学生已有的日常生活劳动、生产劳动经验，选择 1~2 项具有一定挑战性的学校、社区公益劳动与志愿服务项目进行实践。例如：以小组或班级为单位，在学校或社区建立移动书亭、物品捐赠资源共享站，以自己创造性的劳动服务更大范围的群体；参与科技馆、博物馆、纪念馆、植物园、动物园、流浪动物救助站等公共空间与社会机构的服务性劳动，担任讲解员、特定活动志愿者等；参与社区环境治理，进行社区公园环境优化、公共健身设施维护等；参与社区公共卫生服务，进行疫情防控宣讲等。根据服务对象（包括个体和集体）的实际需要，确定公益劳动与志愿服务的形式、内容与过程，制订合理的服务性劳动方案并加以组织与实施。

素养表现：熟悉公益劳动与志愿服务组织、实施，具有运用相关的劳动知识与技能服务他人、学校、社区的基本能力。经历服务性劳动的付出过程，理解个体劳动与学校、社区发展之间的直接关系，形成对学校、社区发展负责任的态度，提升以自己的劳动关心他人、服务他人的公共服务意识与社会责任感，体认参与学校建设、社区建设的自豪感与幸福感。养成精益求精、不断创新的劳动精神。

活动建议：选择或设计具有一定综合性的公益劳动与志愿服务项目，突出服务性劳动的项目化、主题性、可持续性及社会影响力，将公益劳动与志愿服务和学生的职业体验、生态教育等专题教育结合起来，引导学生主动发现学校、社区环境中存在的实际问题，如生态系统维护、公共卫生等问题；引导学生主动帮助需要帮助的群体，如在特殊教育学校做课堂教学助理、学习伙伴等。

五 劳动素养要求

劳动素养要求是对学生在完成阶段性劳动课程学习后需要达成的素养表现的总体刻画。义务教育劳动素养要求如表1所示。

表1 义务教育劳动素养要求

学段	劳动素养要求
第一学段 （1—2年级）	在简单的日常生活、生产劳动中，认识到人们的衣、食、住、行、用都离不开劳动，懂得人人都要劳动的道理，积极主动参与班级劳动，初步体会劳动对日常生活的重要性；能在力所能及的劳动实践中体会劳动的艰辛和快乐，初步形成喜欢劳动、积极参加劳动的态度。（劳动观念） 在完成清洁与卫生、整理与收纳、烹饪与营养等劳动任务的过程中，初步掌握基础知识、基本步骤与操作方法，初步形成个人生活自理能力；在简单的工艺制作劳动、农业劳动中，初步掌握简单的手工技能，会使用简单的工具，能照顾身边常见的动植物。（劳动能力） 能做到不浪费粮食，爱护学习用品、生活用品等，懂得珍惜劳动成果；在劳动过程中遵守劳动纪律和安全规范；初步养成"自己的事情自己做"、认真负责、有始有终的劳动习惯和品质。（劳动习惯和品质） 能在劳动过程中不怕脏、不怕累。（劳动精神）

续表

学段	劳动素养要求
第二学段 (3~4年级)	通过日常生活劳动，懂得"一分耕耘，一分收获"的道理；在简单的生产劳动和服务性劳动中，认识到劳动无高低贵贱之分，知道尊重劳动、尊重普通劳动者；主动为身边人提供服务，形成初步的服务意识和社会责任感；具有主动承担力所能及的劳动的意识，初步养成热爱劳动的态度。（劳动观念） 能在日常生活劳动中发现存在的问题，选择和运用恰当的劳动技能加以解决，形成生活自理能力；能在简单的生产劳动过程中，了解常用的材料，认识并使用常用的劳动工具，能设计与制作简单的工艺作品，具有初步的植物种植、动物饲养的能力；在学校、社区的服务性劳动中，初步形成关爱他人、积极参与学校、社区建设的劳动意识和能力。（劳动能力） 主动遵守劳动纪律和安全规范，养成自觉自愿、认真负责、专心致志、有始有终的劳动习惯和品质。（劳动习惯和品质） 形成勤俭节约、不怕困难的精神。（劳动精神）
第三学段 (5~6年级)	通过日常生活劳动，认识到劳动对家庭幸福、社会进步的意义；在基本的植物养护、动物饲养、工艺品制作等生产劳动过程中，初步形成劳动创造财富的观念，理解普通劳动者的光荣和伟大；形成主动服务、关心社会、扶助弱势、热心公益、关爱生命、热爱自然的意识，在劳动过程中初步形成劳动效率意识和劳动质量意识。（劳动观念） 能发现日常生活劳动中存在的问题，综合运用生活基本技能解决问题，增强生活自理能力；能发现生产劳动中的需求与问题，运用基本生产知识与技能，选择合适的工具、材料，合作完成简易工业产品的设计与制作，初步具备从事简单生产劳动的能力；在服务性劳动中，运用已有劳动技能服务他人、服务学校、服务社区。（劳动能力） 在劳动过程中吃苦耐劳，主动承担力所能及的劳动，养成安全劳动、规范操作、坚持不懈，以及诚实劳动、合法劳动的劳动习惯和品质。（劳动习惯和品质） 初步形成不畏艰辛、积极探索、追求创新的精神。（劳动精神）

续表

学段	劳动素养要求
第四学段 （7—9年级）	通过持续参与日常生活劳动、生产劳动和服务性劳动，理解劳动创造美好生活的道理，增强家庭责任意识，认识到劳动对国家富强、人类发展的意义，尊重和平等对待各行各业的劳动者，自觉向优秀劳动榜样学习；形成初步的职业意识和生涯规划意识，进一步增强公共服务意识和社会责任感，在劳动过程中注重劳动效率和劳动质量。（劳动观念） 在具有一定挑战性的日常生活劳动中，比较熟练地运用家政技能，提高生活自理能力；能在生产劳动中发现存在的需求和问题，进行劳动方案的选择和劳动过程的规划，按照安全规范要求，选择适当的材料和工艺、工具和设备，综合运用劳动技能解决问题，并能根据实施情况，对方案进行必要的改进与优化，发展创造性劳动能力；能在服务性劳动中，初步掌握现代服务业劳动的基本知识与技能，熟悉公益劳动与志愿服务的组织、实施，提升运用相关的劳动知识与技能服务他人、学校、社区的基本能力。（劳动能力） 具有持续参加劳动的积极性，在劳动过程中持之以恒，诚实守信，有责任担当；养成自觉遵守劳动规范、劳动法规的习惯，形成认真负责、吃苦耐劳的劳动品质。（劳动习惯和品质） 劳动中能不断追求品质、精益求精，牢固树立勤俭、奋斗、创新、奉献的劳动精神。（劳动精神）

"五四"学制学段劳动素养要求参照学段目标研制。

六 课程实施

（一）劳动项目开发建议

劳动项目是落实劳动课程内容及其教育价值，体现课程实践性特征，推动学生"做中学""学中做"的重要实施载体。

1. 项目设计

项目设计包括制订项目目标、选择项目内容、确定劳动场域、明确项目过程、提炼项目操作方法等方面。

(1) 制订项目目标

在明确劳动课程目标、学段目标及项目目标关系的基础上，结合项目对应的具体任务群的课程内容要求，制订具体项目目标。项目目标的制订要精确、具体、可操作，力求最大限度反映劳动项目实施的预期结果和学生身心方面的变化，注重劳动观念、劳动能力、劳动习惯和品质、劳动精神的有机融合。以木工工艺作品设计与制作项目为例：5~6年级，可确定项目目标为"学会识读简单木工工艺作品图样，选择合适的手工工具和技术，制作简单木工工艺作品，感受作品完成后的喜悦与成就感，形成安全劳动、规范操作的意识"；7~9年级，可确定项目目标为"能够根据需求，识读并绘制简单木工工艺作品图样，设计并加工简单的木工工艺作品模型或原型，体会作品的创造过程，逐步养成合理利用材料、环保节约的劳动习惯，树立产品质量意识，培养精益求精的劳动精神"。

(2) 选择项目内容

针对不同学段学生的经验基础和发展需要，考虑区域特点和学校劳动教育环境，把握不同学段劳动素养培养要求，围绕体现日常生活劳动、生产劳动、服务性劳动的十个任务群，合理选择和确定项目内容。以日常生活劳动中"整理与收纳"任务群为例：1~2年级可选择"笔袋整理""书包整理"等项目内容，3~4年级、5~6年级可选择"整理衣橱""清理使用过的教科书"等项目内容，7~9年级可选择"书房用品整理与收纳""教室的装饰与美化"等项目内容。从学生个人的学习用品整理摆放逐步过渡到对家庭或者教室等较大空间的整理与美化，从单一到综合，从简单到复杂，逐步发展空间规划能力和整体筹划能力，体现不同学段的纵向衔接与递进关系。

（3）确定劳动场域

劳动场域是项目实施的基础条件。在实际操作过程中要根据不同的项目科学、合理地确定劳动场域，包括劳动场所、工具设备、材料及劳动文化氛围等。劳动场所是指工厂、农场、专用教室等适合不同劳动项目的场所；工具设备主要指完成项目必需的劳动工具与设备；材料是项目操作过程中需要使用的消耗性物品及安全防护用品等；劳动文化氛围主要指劳动场域中与相应项目相关的文化元素，包括张贴的标语牌、模范人物挂图、操作规程图、劳动任务统计表等。

（4）明确项目过程

项目过程可分为明确任务、劳动准备、制订计划、组织实施、交流评价等几个环节。明确任务环节是指在教师指导下，学生全面了解劳动任务的目的、要求、成果形式、评价标准等，学会对项目进行任务分解；劳动准备环节要让学生针对具体的劳动任务，了解和熟悉劳动工具与材料、劳动场所及劳动过程所需的基本知识与技能等；制订计划环节要引导学生在统筹各种资源的前提下，确定劳动的程序和步骤，形成合理的劳动计划；组织实施环节要让学生按照制订的劳动计划，有步骤地开展劳动活动，经历完整的劳动过程；交流评价环节要让学生对自己的劳动成果进行自我评价、同学间交流展示、师生共同讨论等，要让学生在学会劳动的同时，体会劳动成果来之不易，懂得珍惜自己和他人的劳动成果。

（5）提炼项目操作方法

项目操作方法是学生完成劳动任务、形成劳动感悟的重要基础和前提。在设计项目时，教师要对项目操作的主要方法加以提炼。例如，饮食制作中的煎、蒸、炖等烹饪技法，木工工艺作品设计与制作中的锯、刨、凿等加工方法，刚连接、铰连接等连接方法。这些方法需要学生通过模仿、巩固等过程才能够真正掌握。教师要充分考虑学生实践时可能遇到的困难、陷入的误区及存在的安全隐患，作出示范和指导，提出解决问题的策略，确保劳动项目的顺利实施和劳动课程目标的实现。

2. 项目安排

项目安排依据三大类劳动教育内容及十个任务群在各学段的分布设计，总体体现"整体规划、纵向推进、因地制宜、各有侧重"的原则。依据学段任务群所体现的课程内容要求，选择和确定所需实施的任务群，整体安排每个学段的项目，体现项目在不同学段的纵向衔接与递进关系。以7年级为例，某校项目安排如表2所示。考虑到一些工农业生产和工艺制作项目周期较长、耗时较多，需要持续地学习与实践，学校可以从学生的兴趣和学校实际出发，以学年为单位安排项目。

表2 项目安排（7年级示例）

劳动内容	任务群	7年级上学期	7年级下学期
日常生活劳动	整理与收纳	教室图书角的整理与美化	学校走廊的整理与装饰
	烹饪与营养	蔬菜的营养搭配与烹饪	面食的制作与营养配餐
生产劳动	农业生产劳动	无土栽培芽苗菜	巧做豆制品
	传统工艺制作	布艺环保袋的设计与制作	制作陶制实用器皿
	工业生产劳动	多功能木制笔筒的设计与制作	
	新技术体验与应用		三维打印制作家用小台灯
服务性劳动	现代服务业劳动	学校食堂餐饮服务	社区网络安全风险防控服务
	公益劳动与志愿服务	社区疫情防控宣讲志愿者	流浪动物救助

3. 项目开发注意事项

（1）强化劳动与教育的有机统一

项目开发既要关注劳动知识和劳动技能的学习，更要关注劳动价值的引领、劳动精神的培育。要结合不同学段学生身心发展特点，考虑项目的劳动强度和实施方式的适宜性，如小学入学适应期的项目设计与实施要考虑劳动教育启蒙的特点和项目趣味性。要引导学生从现实生活中的劳动需求出发，筹划设计劳动方案，综合运用所学知识和技能解决问题，完成真实、综合的实践过程，激发学生的主动性和创造性。要将劳动内容与当地的传统文化相联系，让劳动教育成为激发学生学习中华优秀传统文化、树立民族自豪感的重要渠道。

（2）注重项目与其他课程的紧密结合

在具体项目实施过程中灵活运用其他课程所学的知识进行劳动实践，提高学生的综合素质，发挥劳动育人功能。例如：在开发农业生产项目时，可与科学、地理、生物学、化学等课程中相关知识的学习有机整合；在开发传统工艺制作项目时，可与艺术的造型知识，物理、化学的材料知识相联系。

（3）关注课外、校外劳动实践体验的有效拓展

充分利用课外、校外劳动实践场所，自主开发项目，满足多样化的劳动实践需要，将劳动教育与学生个人生活、校园生活和社会生活有机结合，丰富劳动实践体验，让学生养成良好的劳动习惯和品质，深化对劳动价值的理解。例如：结合校园环境维护，开发"冬季校园树木维护"项目；结合志愿服务劳动，开发"社区公共卫生维护"项目。

（二）劳动过程指导建议

在劳动过程中，学生是实践任务的操作者和完成者，教师是学生

实践的启发者、指导者和呵护者。教师在指导时，对劳动过程中的关键步骤、技能要及时点拨，对劳动中出现的问题要指导学生及时解决，适时激励、启迪、引导学生在劳动过程中创新，强调劳动过程中的安全、规范操作。

1. 情境创设指导

注重真实性。立足学生真实生活经历或体验，面向现实生活。一方面可从真实的劳动需求出发创设情境，另一方面也可从真实的问题出发，指导学生明确劳动任务。

凸显教育性。注重创设有利于学生理解劳动任务价值、激发劳动热情、解决挑战性问题等劳动实践学习的情境。注重劳动文化在情境创设中的有机融入，充分挖掘与劳动项目相关的儿歌、谚语、警句、人物事迹等在劳动实践学习中的育人价值。

体现开放性。注重从学校和学生的特点出发，充分利用好各方面的资源，为学生的日常生活劳动、生产劳动和服务性劳动选择适合的时间和空间。就时间而言，既可根据当前劳动项目的实际进程创设学习情境，也可结合特定节日创设学习情境，如学雷锋纪念日、植树节、"五一"国际劳动节、中国农民丰收节等；就空间而言，根据劳动项目的开展需要，既可将劳动实践学习情境创设于学校劳动实践室，也可依托其他校外场所创设，如家庭、田地、工厂、餐饮机构，以及公共图书馆、科技馆、博物馆、植物园、动物园等。

2. 准备阶段指导

在劳动准备阶段，需要结合学生、家长、劳动场域等方面的准备情况作出指导。在学生方面，主要围绕项目所涉及的劳动观念、劳动纪律、劳动相关法律法规、劳动知识与技能进行讲解和示范。例如：可结合学生实际情况，选取适当的案例、故事、任务等，让学生明辨是非、认清事理，引导学生重视劳动过程中的伦理问题；可利用微视频或现场示范、模仿、练习等方式，帮助学生了解项目所涉及的劳动观念、劳动纪律、相关法律法规、知识与技能，以及实践过程中可能遇到的困难与挑战，并指导学生设计相应的劳动方案。在家长方面，要根据劳动项目的实际情况，全面及时地与家长沟通，以获得家长的理解和知情同意，及其对时间和交通等方面的支持。在劳动场域方面，要事先做好劳动场所、工具设备、材料，以及劳动文化氛围营造等方面的可行性、安全性、适应性等准备。

3. 实施阶段指导

在劳动的实施阶段，主要进行学生劳动技能的淬炼、劳动习惯的培养及劳动品质的塑造。这个阶段是劳动实践的核心环节，要让学生完成真实的任务，经历完整的劳动过程，对于重点操作步骤可以反复练习，强化精益求精、追求卓越的工匠精神。在这个阶段，教师既要做好协调工作，帮助和鼓励学生，根据学生的需要进行答疑、解惑，也要注意适当地放手，让学生自主操作、实践。教师要注意观察学生的表现，看他们是否完成了预设的任务、是否掌握了必要的技能等；要保护学生在劳动实践过程中的好奇心和探究欲望，鼓励学生进行创造性劳动，使学生得到更多的自主发展空间。在这个阶段，教师还要注重学生规范意识、质量意识、专注品质和合作意识等的培养。强化规范意识，注重按照规范的流程与方法安全操作；强化质量意识，注重引导学生关注细节，每个步骤、环节都要精准到位；强化专注品质，注重引导学生随时评估与监控操作行为，做到眼到手到心到，有始有终；强化合作意识，引导学生学会分工合作，体悟构建平等、和谐的劳动合作关系的重要性。

4. 反思阶段指导

在劳动反思阶段，围绕劳动过程体验、成果评价、价值体认，引导学生理解劳动实践的价值与意义，感悟劳动成果来之不易，养成反思交流的习惯。鼓励学生以身边劳动表现优异的同学和普通劳动者为榜样,发现自身优势与不足。组织学生开展成果展示、讨论、演讲、辩论等活动,通过讲述劳动故事、撰写劳动日志、制作劳动微视频等方式进行反思交流。

(三) 劳动周设置建议

劳动周是指每学年设立的、以集体劳动为主的、具有一定劳动强度和持续性的课外、校外劳动实践时间。劳动周是劳动课程的重要组成部分,劳动周与每周至少1课时的劳动课不能相互替代。劳动周的设置丰富、拓展了劳动教育的实施途径,有助于发展学生的劳动意识与能力,打通学校与社会的联系,发挥劳动教育的综合育人价值。

1. 劳动周的设计

(1) 主题选择

一是注重价值引领。主题设置应体现劳动价值观的培育和劳动精神的培养,如"三百六十行,行行出状元""发现身边的劳动者""世界青年技能日"等。二是以学生的生活实际和社会生产实际为出发点。劳动周的主题建议结合校外学工学农等生产劳动、校外服务性劳动等进行选择,如"走进美丽乡村"。三是具有半开放性。一般就主题覆盖的范围作出规定,可根据劳动环境、实施条件等进行具体主题的选择和规划,加强与已有实践活动主题的有机结合。四是体现劳动任务的持续性。通过设置一些跨时空、长周期的劳动主题,让学生在完成一系列项目和劳动任务的过程中,养成吃苦耐劳、持之以恒等劳动品质。五是注重传统技术和现代科技相结合。主题选择既要考虑传统劳动,也要考虑新形态劳动。

(2) 内容设计

劳动周的内容安排,围绕劳动主题的意义建构,设计一系列劳动任务，促进学生在完成任务和解决问题的过程中发展核心素养。一是要注重劳动任务序列化。强调项目和任务循序渐进、相互关联、互为支撑。既可按照劳动实施的自然顺序，也可按照劳动主题，确定劳动内容、分解劳动任务。二是要注重劳动任务综合化。劳动任务的确定，既要注重把劳动实践与其他课程学习有机结合起来，也要注重覆盖多个任务群，引导学生综合运用所学知识和技能解决实际问题。三是要注重劳动任务科学化。劳动周的任务设计，要体现与学段相适应的劳动强度和难度，考虑时间安排的合理性。四是要注意劳动任务形态的多样化，尽可能地丰富劳动周的活动形式，如劳动项目实践、技能竞赛、劳模大讲堂、主题演讲或辩论、成果展示、职业体验等。

（3）时间安排

劳动周一般在学年内或寒暑假自主安排，也可以根据农业时令特点安排在夏季农忙时节或秋收时节等，还可以安排在学雷锋纪念日、植树节及爱国卫生运动周等时间。劳动周一般每学年安排一次，具体时间可根据劳动周的内容设计和具体任务确定。劳动周的时间安排可以打破年级限制，进行统筹实施，让不同年级的学生在共同的劳动周活动中，互帮互学、合作建构，形成良好的劳动合作与竞争氛围，促进劳动育人价值的实现。

（4）资源利用

一是统筹和利用好社会、家庭和学校的现有资源。结合当地历史文化、自然资源及本校校情等，利用当地博物馆、非物质文化遗产馆、生态园、茶艺馆、校史馆、研学基地等劳动教育资源和空间，实行"一区一案""一校一案""一家一案"等，开展个性化的劳动周活动。二是统筹和利用好各类活动资源。可结合校园科技节、校园文化节、校园劳动节等活动，也可通过组织全校劳动技能竞赛等方式，对劳动周进行系统、整体安排。三是统筹和利用好教师资源。除了劳动教育专门师资外，可聘请不同行业的优秀工匠、非物质文化遗产传承人及经验丰富的农民、技术工人等担任指导教师。四是多方优化和开发劳动教育资源。学校可优化设计劳动实践环境，如建设"校园生活馆""快乐农场"等。家庭可开辟阳台、露台"种植角"。教育行政部门应加强统筹，打通区域壁垒，共建共享青少年劳动实践基地。

2. 劳动周的组织与实施

（1）周密计划和组织动员

一是周密计划，做好详细的劳动周方案。对劳动周涉及的人、财、物、事，以及时间、空间等要素有缜密的统筹和规划，并做好安全防范预案、意外事件处理紧急预案等；对劳动主题选择、劳动任务分配、劳动流程设计、材料选择、工具使用、过程记录、成果分享与处理、活动评估与改进等方面进行细致安排；对每日活动、每项任务进行明确、有序的组织与监控；对组织、协调、指导和参与管理的人员有明确的分工，使其有清晰的职责。二是组织动员，凝聚各方面共识。提前对教师、学生和家长做好充分的动员教育，帮助师生及家长理解劳动主题的意义，明确劳动周的任务及其要求，做好各方面的准备；发挥学校的主导作用、家庭的基础作用和社会的协同作用，引导家庭和社会积极参与，使学生参加劳动周活动在实践上有支持、时间上有保证、资源上有保障。

（2）注重各方面衔接

一是劳动空间的衔接。劳动周的活动空间主要在课外和校外。1~2年级一般以家庭、班级、校园为主；3~4年级可以到社区等校外场所；5~6年级及以上可以走入农业、工业、现代服务业的真实社会场域，有条件的地方和学校应适当考虑到高新技术企业体验现代科技条件下劳动实践的新形态、新方式。二是劳动内容的衔接。按照学生知识、技术能力的已有基础和发展进阶设置劳动任务。从1~2年级开始，劳动内容难度按照"简单—复杂—综合"逐渐提高。例如，可根据季节更替，将春种秋收的任务有效衔接。三是劳动时段的衔接。对于某些因受时间限制无法在学校课堂组织或有效完成的劳动任务，可在劳动周补充实施。

（3）重视劳动实践的内化

在劳动周的活动安排中，要鼓励学生立足动手做，结合用脑想、用笔写，促进其核心素养的发展。一是通过让学生查阅相关资料、讨论劳动周主题的意义、参与劳动周的计划制订等活动，让学生形成对劳动周活动的积极期待和良好情感。二是通过出力流汗、坚持不懈地完成有一定难度的劳动任务，掌握生活技能、生产技能和服务技能，培养学生精益求精的工匠精神。在活动过程中，鼓励学生主动思考、自觉参与、小组合作、积极探究，注重培养学生的问题解决能力和创造力，发展学生的劳动能力和劳动品质。三是通过分享交流及评价，深化学生的劳动体验和价值体认。1~2年级可采取画五角星、打钩、画漫画、谈体会等形式进行交流评价，3~4年级及以上可鼓励学生采用多种方式分享交流，如写劳动周志，记录自己的心得体会和任务完成情况等，并指导学生依据各项评价标准对自己和他人在劳动过程中的表现作出评价。

（4）切实保障劳动安全

建立健全安全教育与管理并重的劳动安全保障体系。要以安全、适度为原则，合理安排劳动任务强度和时长，在场所设施选择、材料选用、工具设备和防护用品使用、活动流程等方面制订详细、科学的操作规范，强化劳动过程中每个岗位的管理，明确各方责任，防患于未然。要加强对师生的劳动安全教育，强化学生劳动安全知识的学习，建立劳动风险意识、提升应急处理能力，培养学生在场所设施的安全性判断、劳动实践中的安全操作、劳动实施全程的安全防护等方面的基本能力。要科学评估劳动实践活动的安全风险，制订风险防控预案，完善应急与事故处理机制。

劳动安全包括劳动环境安全和劳动过程安全。一是劳动环境安全。要充分考虑劳动中可能遇到的在田坡、渠道、河边、山坡、建筑工地等处行走的安全问题，防止雷暴、冰雹、高温等天气引发的安全事故，加强生产劳动中有害气体的防范及重污染天气的防范等。二是劳动过程安全。在完成劳动任务的场所设施选择、材料选用、工具设备和防护用品使用、活动流程规划等方面要符合操作规范要求，规范生产工具、设备的使用，预防生产安全事故发生；要注意用火、用电、用气及可能使用到的化学试剂等的安全，防止触电、火灾、烧烫伤等事故的发生。此外，还要注意提醒学生，在集体活动中不要掉队、不要擅自离开集体，注意自己的人身和物品安全等。

劳动周案例一 "收获花生喜悦多"

背景：花生是一种常见的农产品，其收摘与简易加工是一种传统的生产劳动，蕴含着丰富的劳动教育资源。金秋时节，某校 6 年级以 "收获花生喜悦多" 为主题组织学生到农业生产基地开展为期一周的生产劳动。

目标：通过全程参与花生收获与花生产品加工制作劳动，了解农产品加工知识和方法，进一步感受农业生产劳动的艰辛和愉悦，更加懂得珍惜劳动成果，养成安全劳动、规范操作的劳动习惯和品质。

劳动周任务规划如下。

第一天：在花生种植基地开展"收花生"劳动。参观花生种植基地，与种植人员交流，了解花生生长特点和种植过程。学习挖花生的方法，能正确地使用钉耙等工具刨花生，能按照要求摘果。体验出力流汗的劳动过程，体悟土地对于农作物生长的重要性。

第二天：在花生烘干车间开展"烘干花生"劳动。学习清洗和烘干花生的方法，能按照要求对收获的花生进行清洗烘干和分拣操作，体验现代劳动形态，培养专心致志、兢兢业业的劳动品质，体悟劳动工具革新的重要性。

第三天：在花生加工车间开展"初加工花生米"劳动。明确任务要求，熟悉花生米初加工工作的标准，了解主要工具和使用方法。在劳动中，进一步习得劳动技能，强化质量意识，学习科学生产的方法，感受劳动过程中分工与合作的重要性。

第四天：在花生产品加工车间分组开展"制作花生油"和"制作花生酱"劳动。认识压榨花生油和制作花生酱的设备，了解压榨、过滤花生油及制作花生酱的方法。感受农产品加工的价值，感悟诚实劳动、合法劳动的重要性。

第五天：在花生产品加工车间开展"多样化的花生食品包装"劳动。学习花生油装瓶、花生酱装瓶技能及简易包装设计。总结、交流劳动周的感想，展示、分享劳动成果。感受劳动成果的多样性，形成珍惜劳动成果的劳动品质。

（四）学校与家庭、社区协同开展劳动教育建议

学校在实施劳动课程时要始终以开放的姿态，积极与家庭和社区紧密合作，构建"家庭—学校—社区"一体化劳动教育环境。

1. 家庭协同开展劳动教育的指导

（1）引导家长树立劳动教育观念

学校要通过家长会、家长学校、家长开放日、给家长的一封信等方式，向家长宣传劳动对学生身心发展的价值、劳动课程开设的意义、家校协同开展劳动教育的必要性等，促进家长对劳动教育形成正确认知。

邀请家长参加劳动周、劳动节、丰收节、劳动成果展示等活动，

让家长欣赏学生的劳动成果，分享其劳动成就感、获得感。

（2）指导家长把劳动教育有机融入家庭日常生活

学校要及时与家长联系，让家长了解学校本学年、本学期劳动课程规划方案、实施要点、任务清单等，指导家长将相关劳动内容作为家庭劳动的重要组成部分，使家庭劳动教育与学校劳动课程建立关联，使学生习得的劳动技能得到及时的应用和巩固。

学校要根据本地、本校实际，设计不同学段学生家庭劳动清单，提高家长培养学生生活自理能力的意识，增强学生参与家务劳动的计划性和持续性。根据家庭日常生活实际，鼓励家长利用整理房间、打扫卫生、器具维护、美化家庭、养护绿植、烹饪帮厨等机会，把劳动教育融入日常生活中，让学生坚持不懈地完成，从而养成居家生活劳动的好习惯。家庭劳动清单（示例）如表3所示。

表3 家庭劳动清单（示例）

学段	整理房间	打扫卫生	器具维护	美化家庭	烹饪帮厨
第一学段（1~2年级）	收拾整理书柜、衣物	擦拭桌椅和与身体等高的书架、柜子		定期为绿植浇水；布置家庭小书桌	择菜；摆放碗筷，饭后洗碗；协助家人收拾餐桌
第二学段（3~4年级）	叠衣服；整理衣服和玩具柜	扫地或拖地；擦室内玻璃	擦洗自行车	为绿植除尘，去除黄叶；剪窗花	洗菜；切条状蔬菜等；会做简单凉菜等
第三学段（5~6年级）	分类整理家庭书架	清洗茶具；借助工具擦拭高于自己的家具	清洁灶台	移栽绿植；修剪绿植；学习插花等	切圆形蔬果；会做简单热菜；协助家人烹饪等
第四学段（7~9年级）	行李收纳；全面收拾房间	清洁整理衣橱、书柜	安装立式电风扇；组装床头柜、小书架等	设计家庭装饰方案；参与家庭庆典布置	独立烹饪，完整制作3~4道菜品

（3）指导家长做好榜样示范

学校可以通过开展丰富多彩的亲子劳动活动，布置亲子劳动任务等，创造家庭成员共同劳动的机会，让学生有机会向家长学习，达到"亲子共成长"的目的。

学校可以指导家长结合自己的职业，让学生有机会观察家长真实的工作情况，了解家长职业的劳动特点，体会家长在生产劳动或服务性劳动中的精神面貌，培育学生的劳动精神。例如，可组织3~9年级学生开展"陪父母上一天班""陪家人参加一天的劳作"等活动。

2. 社区协同开展劳动教育的指导

学校可邀请社区管理人员和相关企事业单位代表，共同参与学校劳动教育计划的制订、劳动项目清单的研制、劳动课程的评价，以及劳动文化环境的创设等，以协同做好学生劳动课程开展工作。学校与社区协同开展劳动教育前，要对社区各类劳动资源进行调查、分类、建档，形成学校劳动课程社会资源库。社区资源包括社区厂矿企业、社区医院、农场等劳动实践场所，以及劳动模范、具备技能特长的人员及需要帮助的人群等。学校根据社区资源情况，系统地安排社区劳动，开展有针对性的劳动教育。例如，到社区工厂体验生产劳动，邀请具备技能特长的人员到学校做劳动技能指导，为孤寡老人提供服务性劳动等。学校在组织学生进行社区劳动的过程中，要注重与社区相关人员统一思想、统筹管理，指导组织实践方法等，并确保劳动安全。

条件成熟的学校还可以进一步探索建立"家庭—学校—社区"三位一体的系统合作机制，促进全社会劳动教育各方力量的有效整合。

（五）课程评价建议

劳动课程评价是劳动课程体系建设的重要组成部分，对促进劳动课程的目标实现、保障劳动教育的实施效果等具有重要意义。劳动课程评价要遵循基本的原则，注重平时表现评价和阶段综合评价。

1. 评价的基本原则

第一，导向性原则。以核心素养为导向，关注核心素养四个方面的发展状况，以及在劳动过程中的体现。通过评价的积极引导作用，促进劳动育人价值的实现。

第二，发展性原则。发挥评价的反馈改进功能，促进学生认真参与劳动学习与实践，改进教师教学安排。教师要着眼于学生劳动过程的动态发展，充分肯定学生在劳动中的进步，正确对待劳动中出现的问题，鼓励学生不断改进提高。

第三，系统性原则。应整体、系统地进行评价，并贯穿学习始终。发挥教师、家长和学生等多元主体评价作用，依据学生年龄特征和学习特点，制订循序渐进的评价目标。注重过程性评价与结果性评价相结合，兼顾家庭劳动实践评价与社会劳动实践评价，采用多样化评价方式，如项目实践、交流对话、技能测试等，持续地反馈信息。

2. 平时表现评价

劳动课程平时表现评价旨在通过了解学生在劳动过程中的表现，判断学生的劳动效果，调整教学实施，更好地实现课程教学目标。

（1）评价内容

评价内容要紧扣课程内容要求和劳动素养要求，客观准确地反映学生在真实情境下劳动素养的表现水平。

不同类型的劳动内容、不同任务群，评价的侧重点有所不同。日常生活劳动侧重于卫生习惯、生活能力和自理、自立、自强意识等的评价。生产劳动侧重于工具使用和技能掌握、劳动价值观、劳动质量意识，以及劳动精神等的评价。服务性劳动侧重于服务意识、社会责任感等的评价。

（2）评价方法

评价方法的选择与使用要有利于学习诊断和促进发展。劳动课程的评价方法以表现性评价为主，可以采用劳动任务单、劳动清单、劳动档案袋等工具。

利用劳动任务单记录某项劳动任务的方案设计、劳动过程、劳动成果、劳动体会等情况。劳动任务单可作为评价学生劳动学习与实践效果、劳动目标达成情况的依据。劳动任务单（示例）如表4所示。

表4　劳动任务单（示例）

劳动任务名称	
要解决的问题	
所需材料、工具与设备	
方法与步骤	
团队成员	
完成时间	
劳动计划或设计方案	
劳动过程记录	
劳动成果	
劳动体会	

利用劳动清单记录劳动项目参与、劳动技能掌握、劳动习惯养成等情况。劳动清单还可以包含学生的劳动体会，家长、同学、老师写的评语。家庭劳动清单（3年级示例）如表5所示。

表 5　家庭劳动清单（3 年级示例）

项目内容	评价指标			
	劳动参与		劳动技能	
	偶尔参与	经常参与	基本掌握	熟练掌握
整理学习用品				
打扫房间				
清洗个人衣物				
制作简单食品				
使用家用电器				
参与绿植养护				
其他				
劳动体会				
家长整体评价				

利用劳动档案袋有目的地收集学生一段时间内劳动学习与实践情况的材料，了解学生在该段时间内作出的努力、取得的进步和成就。劳动档案袋主要收集劳动实践活动的过程性记录，可包括以下内容：劳动方案、劳动过程的照片和视频、劳动成果、劳动日志、自我反思、他人评价等。有条件的学校或地区可建立相应的数字化平台，进行劳动课程的过程性和结果性评价。

针对具体的劳动学习与实践的目标和内容，可采取相应的方法进行评价。例如：日常生活劳动可以劳动清单为主要依据，家校合作共同评价；生产劳动可以劳动任务单为主要依据，结合劳动任务的完成过程和劳动成果情况进行综合评价；服务性劳动可以劳动档案袋为主要依据，结合服务对象的评语和多方面的材料进行综合评价。

针对不同学段，可灵活使用多种方法进行评价。例如：1~2 年级应鼓励学生使用劳动绘本、劳动日志、星级自评、贴小红花等方式体现劳动过程和劳动感受；3~6 年级可以采取劳动叙事、劳动作品展示等方式记录劳动过程；7~9年级可以采用劳动测试、评语评价、展示评价和劳动档案袋等方式进行。

3. 阶段综合评价

劳动课程阶段综合评价是学期、学年或学段结束时进行的综合评价，反映学生劳动课程学习的水平和核心素养的阶段性达成情况。

劳动课程阶段综合评价应采用过程性评价与结果性评价相结合的方式。过程性评价可结合档案袋进行；结果性评价可采用测评形式，通过考查学生在完成测评任务过程中的表现来进行。

劳动课程阶段综合评价（示例）

某校在进行4年级学生劳动课程阶段综合评价时，采用过程性评价与劳动任务测评相结合的方式。过程性评价采用综合评价表（见表6），测评的劳动任务为剪纸。

表6 劳动课程阶段综合评价表（示例）

劳动内容	参加的劳动项目	劳动时长	劳动表现
日常生活劳动			
生产劳动			
服务性劳动			
劳动周			
参与的项目	项目概述		
劳动成果			
成果名称	成果简介		
劳动测评			
测评任务	任务表现		
阶段综合评价结果	□优秀　□良好　□合格　□不合格		

测评的劳动任务如下。

（1）任务名称

剪纸。

（2）任务描述

按照中国传统年俗，每逢春节来临，很多家庭都要贴对联、贴"福"字窗花来增添节日喜庆气氛。请你设计并制作一件剪纸作品，用于春节期间房间装饰。

（3）任务要求

①使用"春"或"福"中的一个字来进行设计，简要说明设计意图。

②至少选用一种工具（剪刀或刻刀）进行制作。

（4）测试时间

40分钟。

（5）材料与工具准备

红色A3复印纸、剪刀、刻刀、切割垫板。

（6）任务测评

根据评价标准（见表7）对学生的设计说明、作品，以及劳动过程中的表现进行评价。

表7 剪纸任务的评价标准（示例）

核心素养	主要表现特征
劳动观念	积极、愉快地参加劳动
劳动能力	文字构图设计合理，有一定的局部造型变化；熟练使用剪刀或刻刀；剪纸作品线条较流畅
劳动习惯和品质	认真完成劳动任务，劳动过程中注意力集中；能规范摆放剪刀或刻刀，能主动整理桌面，将废弃纸屑投入相应的垃圾桶，保持桌面干净整洁
劳动精神	遇到困难努力解决；对作品品质要求高，精益求精

劳动课程阶段综合评价要根据学生年龄特征和培养目标，差异化设置评价内容。例如：1~2年级要侧重评价学生劳动意识的建立、个体日常生活技能的掌握；3~6年级侧重评价劳动观念、劳动习惯的养成和基本劳动技能的掌握；7~9年级侧重评价劳动能力的提升、劳动品质的形成和劳动精神的培养，以及设计能力、团队合作能力的形成等。

要用好评价结果，充分发挥评价的反馈改进功能，依据评价目标和评价标准对评价结果进行恰当的解释，帮助学生了解自己的劳动学习与实践状况，提出改进策略。

（六）课程资源开发与利用建议

劳动课程资源是实施劳动课程的必要条件。学校应与家庭、社会协同进行课程资源的开发，积极整合和利用各种形式和类型的资源。劳动课程资源开发与利用应坚持以核心素养发展为导向，紧密结合地方经济文化和学生生活实际，满足劳动教育教学的实际需要。

劳动课程的纸质资源、数字资源是课程资源建设的重要内容，其形态可以是文本、资源包、音视频等。不同学段可以采用不同形态，也可以对资源进行不同组合。省级教育行政部门明确劳动实践指导手册编写要求，各地区、学校可根据实际需要规划和编写劳动实践指导手册。劳动实践指导手册的编写要强化价值引领，注重实践指导，突出学生的劳动规划、过程记录和劳动感悟反思，加强学生劳动安全意识和劳动规范意识的培养等。

学校场地、设施及环境是劳动课程实施最基础的资源。要充分利用教室、食堂、图书馆、科技场馆等，为学生提供进行值日劳动及其他日常生活劳动的场所。要充分利用绿地、空隙地带、阳台或楼顶平台等安全空间，通过建设校园"小苗圃""快乐农场""智慧农场"

"空中农场"等，指导学生开展农业生产劳动。要充分利用学校进行基建、装修、维护等时机，为学生提供安全参与劳动体验的机会。

劳动实践室是劳动课程实施的重要资源和重要保障。学校应按照劳动课程内容结构及实施需要，从实际出发，建设必要的劳动实践室。劳动实践室的类型、数量、器材配置等要有利于三大类劳动教育内容的顺利实施。劳动实践室要配备必要的工具、设备、软件、模型及安全用品，配齐配足学生开展劳动项目所需要的材料。学校应建立劳动教育器材、耗材补充机制，完善学校劳动教育设施建设。

社会劳动实践基地是劳动课程实施的拓展资源，是工业劳动、农业劳动及劳动周等活动开展的重要保障，也是学校劳动实践室的重要补充。社会劳动实践基地的设立要充分考虑学生劳动的特点，兼顾劳动场地的规模及劳动项目的适切性，分类设立，满足不同学段学生的劳动学习与实践需求。

劳动课程资源的开发与利用要加强机制建设，开拓多种途径，调动多方积极性，实现课程资源的共建共享。地方教育行政部门要统筹规划和配置劳动教育实践资源，充分利用现有劳动实践场所，建设学农实践基地、学工实践基地、服务性劳动基地，满足学校多样化劳动实践需求，为普通中小学提供所需要的服务。要充分利用信息技术，加强数字化课程资源建设，科学运用大数据、云平台、物联网等现代信息技术手段助力教师专业成长，促进学生学习方式转变。课程资源的建设与开发要严格遵守知识产权保护的法律法规，保护开发者的合法权益。

(七) 教学研究与教师专业发展建议

1. 教学研究的组织与实施

充分认识义务教育劳动课程内容丰富、涉及面广、场地开放、分散,教师来源多样、指导方式灵活等特点,创新教研方式,提升教师课程实施水平。

学校要立足本校实际,建设劳动课程教研组,合理设置劳动课程专职、兼职教师岗位,协同开展劳动课程教学工作。丰富校本教研活动,探讨劳动实践指导方法,总结经验、不足,及时改进提升,促进劳动课程高质量实施和核心素养培养目标的落实。

各级教研机构要配备劳动课程教研员,并强化对教研员的专业培训及指导、工作支持及督查,提升教研员教学研究与专业引领能力。要确保教研活动正常开展,积极组织开展专题教研、区域教研、网络教研等形式多样的教研活动,通过协同创新、校际联动、区域推进等多种方式,及时解决课程实施中的重点、难点问题。要创新劳动课程教研方式,采用专题讲座、项目案例研讨、工作坊、微论坛、劳动技能培训等多种形式,提升教研工作的针对性和实效性。要发挥教师的教研主体作用,采取参与式、互动式教研等,挖掘教师个体优秀经验,分享教师研究成果。

2. 劳动课程教师专业发展及培训

教师应根据自身专业背景,发扬专长优势,弥补短板不足,加强专业学习,提升专业素养。

一是努力提升自身劳动素养,既要加强理论学习,更要通过劳动技能培训和劳动实践体验,做到理论和实践有机统一。通过理论学习,深入理解劳动课程独特的育人价值、课程理念和核心素养内涵;通过技能培训和项目实践,提升自身劳动技能水平和劳动课程教学的专业水平。

二是积极参加多样化的课程教学培训,充分认识劳动课程内容结构和课程内容要求,掌握不同学段学生劳动素养要求,明确教学重点、难点及关键所在,合理规划和设计项目、选择恰当的方式开展教学。

三是不断提升课程的规划与组织能力，积极参与学校、学段、年级劳动课程整体方案规划，并基于劳动课程目标和内容要求统筹安排课时、设计劳动项目、组织与指导劳动实践过程、制订课程评价方案等。配合整体方案，参与劳动周等劳动活动的规划、实施、组织和管理。

各级教育行政、教研机构要关注劳动课程教师的专业发展，定期组织专业培训。培训时要注重整体规划，建立有效的培训机制，特别要注意优先加强对培训者的培训，重点建立一批满足各级各类培训需求的培训者团队，以引领课程实施。中小学校可根据各地课程实施的统一安排及本校实际条件，采取"请进来"与"走出去"相结合的方式培训教师，倡导参与式、体验式、探究式培训，积极探索新技术与教师培训有机融合的混合式培训模式，采用专题讲座、案例研讨、工作坊研修、现场教学、跟岗研修、线下培训与线上培训相结合等多样化的培训方式，提高培训效率。

培训内容要着眼课程理念，帮助教师深刻认识劳动教育的意义，领会劳动课程的设计意图、核心素养的表现，把握劳动课程任务群与核心素养的关联，不断探索指导劳动实践的方法，更好地达成课程目标，落实立德树人根本任务。

后 记

2021年是中国劳动教育事业快速发展的一年。在政策大背景下，各级各类学校、各类市场主体和亿万家庭对劳动教育的认识更加全面深入，加强劳动教育的重要性和必要性也得到越来越多人的赞同。各学段劳动教育教材进一步涌现，不少学校推出专门的劳动教育综合实施方案，劳动教育课程和实践活动不断丰富。同时，在义务教育"双减"政策的影响下，劳动教育实践基地和研学旅行机构迎来新的发展风口。以上各方面的发展也引起各界热烈研讨和学界深入研究，相关研讨活动更加多样，学术研究成果持续增加。

《中国劳动教育发展报告》的定位是记录中国劳动教育发展历程，展现中国劳动教育发展全貌。《中国劳动教育发展报告（2022）》涵盖2021年劳动教育政策、学术研究、高校和中小学劳动教育情况、劳动教育教材和实践基地等多个主题，希望通过不同方面反映2021年中国劳动教育领域蓬勃发展的势头，分析发展现状，并对未来提出些许展望。

本报告总监制：刘向兵、李珂；总策划：曲霞、党印；统稿：曲霞、党印。编写团队成员来自中国劳动关系学院、中国教育科学研究院、华东师范大学和武汉大学第一临床学院。具体编写分工，前言：曲霞；第一部分：张清宇、王雅；第二部分：曲霞、谢倩倩；第三部分：王建洲、武赟；第四部分：党印、刘亚丽；第五部分：孙会平、丁淑彦；第六部分：杨阳、焦丽；第七部分：党印、魏玲云；第八部分：胡玉玲、周海勇。

  本报告从策划、构思、初稿到定稿出版，历时九个多月，我们尽可能涵盖 2021 年中国劳动教育领域的重要政策、研究和实践，客观总结和评价相关领域的进展，为关心、参与和支持劳动教育的各界人士提供参考。虽然我们反复研讨、多次修订，错误和遗漏之处可能依然在所难免，敬请广大读者批评指正！

图书在版编目(CIP)数据

中国劳动教育发展报告.2022/曲霞，党印主编
.--北京：社会科学文献出版社，2022.9
ISBN 978-7-5228-0608-2

Ⅰ.①中… Ⅱ.①曲…②党… Ⅲ.①劳动教育-研究报告-中国-2022 Ⅳ.①G40-015

中国版本图书馆CIP数据核字（2022）第156105号

中国劳动教育发展报告（2022）

名誉主编	/ 刘向兵　李　珂
主　　编	/ 曲　霞　党　印
出 版 人	/ 王利民
组稿编辑	/ 任文武
责任编辑	/ 王玉霞
责任印制	/ 王京美
出	/ 社会科学文献出版社·城市和绿色发展分社（010）59367143 　地址：北京市北三环中路甲29号院华龙大厦　邮编：100029 　网址：www.ssap.com.cn
发　　行	/ 社会科学文献出版社（010）59367028
印　　装	/ 三河市东方印刷有限公司
规　　格	/ 开　本：787mm×1092mm　1/16 　印　张：15.25　字　数：196千字
版　　次	/ 2022年9月第1版　2022年9月第1次印刷
书　　号	/ ISBN 978-7-5228-0608-2
定　　价	/ 88.00元

读者服务电话：4008918866

版权所有 翻印必究